- 基于综合实践活动的生涯教育系列丛书
- 重庆市教育委员会批准精品选修课程"物理之眼"成果
- 重庆市北碚区普通高中物理课程创新基地成果
- 重庆市合川区行知精品选修课程"中学生科技创新方法与实践"成果
- 重庆市首批中小学"支点"创新实验室成果

物理与程序设计

总主编 ◎ 欧 健

主 编 ◎ 苏 翔 李正吉

西南大学出版社

国家一级出版社 全国百佳图书出版单位

图书在版编目(CIP)数据

物理与程序设计 / 苏翔, 李正吉主编. -- 重庆：西南大学出版社, 2023.11
(附中文丛)
ISBN 978-7-5697-2040-2

Ⅰ.①物… Ⅱ.①苏…②李… Ⅲ.①中学物理课—高中—教学参考资料 Ⅳ.①G634.73

中国国家版本馆CIP数据核字(2023)第216604号

物理与程序设计
WULI YU CHENGXU SHEJI
主　编　苏　翔　李正吉

责任编辑：万劲松
责任校对：李青松
装帧设计：闻江文化
排　　版：贝　岚
出版发行：西南大学出版社(原西南师范大学出版社)
　　　　　地址：重庆市北碚区天生路2号
　　　　　邮编：400715
印　　刷：重庆亘鑫印务有限公司
幅面尺寸：185 mm×260 mm
印　　张：10.5
字　　数：201千字
版　　次：2023年11月 第1版
印　　次：2023年11月 第1次印刷
书　　号：ISBN 978-7-5697-2040-2
定　　价：29.80元

编审委员会

总顾问：宋乃庆

主　任：欧　健

副主任：刘汭雪　梁学友　黄仕友　彭红军　张　勇　徐　川
　　　　　崔建萍　卓忠越　陈　铎

委　员：冯亚东　秦　耕　李海涛　李流芳　曾志新　王一波
　　　　　张爱明　张万国　龙万明　涂登熬　刘芝花　常　山
　　　　　范　伟　李正吉　吴丹丹　蒋邦龙　郑　举　李　越
　　　　　林艳华　李朝彬　申佳鑫　杨泽新　向　颢　赵一旻
　　　　　马　钊　张　宏　罗雅南　潘玉斌　秦绪宝　罗　键
　　　　　付新民　张兵娟　范林佳

编写委员会

总　主　编：欧　健

本册主编：苏　翔　李正吉

本册副主编：蒋　敏　范　伟　高　俞

编　写　者：徐继龙　贾　平　曾凡元　李太华
　　　　　　　陈宏伟　李佳玲　杨　芬

总序一

新高考改革，出发点就是让学生拥有自主选择、自我负责的学习权。此种导向要求中学进行育人方式的变革，为学生开设生涯教育的课程，给予学生人生规划的指导，引导学生认知自己，明确自己的兴趣、性格、优势、价值取向，让学生以此为基础认识外界，更好地为自己设立生涯目标，并根据已拥有的资源规划实现目标。"遇见最美的自己"——基于综合实践活动的生涯教育系列教材，正是西南大学附属中学先于国家政策试点，通过不懈的实践探索，收获的基于综合实践活动推进生涯教育的特色研究成果。

如何通过生涯规划课程的学习引导学生学会自主选择，这一重要议题为我国教育改革与发展开拓了一个新的领域。"遇见最美的自己"——基于综合实践活动的生涯教育系列教材，从实践的角度架构了基于综合实践活动的生涯教育的基本框架，为服务于学生生成发展的育人模式的构建、学校教育品质的提升和学校实践改革的推进提供了重要启示，研究具有开拓意义。

第一，该套教材的目标定位和内容选择，是以"助学生找到人生方向"为根本宗旨，贯穿初高中，培养个体人生规划意识与技能，指导学生学会学习、学会选择，在充分认识自我和理解社会的基础上，平衡个人发展和社会发展的需求，初步设计合理的人生发展路径，促进个体生涯发展活动，提升生涯素养。

第二，教材的设计与安排，坚守"学生是学习与发展的主体"这一根本理念，不仅初高中分阶段相互衔接，进行了一体化设计，更重要的是通过活动为学生搭建主动选择的平台，以研究性学习、社区服务、社会实践、研学旅行、设计制作、职业体验等综合实践活动为载体，引导学生在活动中明确人生奋斗目标并激发生涯学习动力，而不是简单地为学生提供品类繁多的"超市商品"让学生选择。

第三，学校还开发了《传统武术奠基康勇人生》《食育与健康生活》《生物实践与创意生活》《数学视角看生活经济》《水科技与可持续发展》《乡土地理和家国情怀》等配套教材，结合校内外的学习实践和生活实践，将基于综合实践活动的生涯教育理论渗透到学科课程中，为学生生涯发展提供重要教育平台和资源，弥补学生社会经历缺乏、生活经验不足、实践体验机会太少等生涯教育短板，促进生涯教育过程性和动态性发展。主体教材和辅助教材相辅相助，将生涯教育和综合实践活动有效融合，让学生在沉浸式的体验中感知自己、认知职业、畅想未来。

第四，教材贴近学生，语言平实生动，联系初高中生活学习实际，通俗易懂；图文并茂，既有趣味的活动设计，又有学生实践的光影记录，观之可亲。学生可从课堂内的探索活动、课堂外的校本实践中深刻体验生涯力量，还可在教师的引导下从活动链接中习得生涯领域的重要概念及理论，为未来的生涯发展做好积累。

总体而言，整套教材以综合实践活动为基础，融入学科课程和劳动教育，以提升学生生涯规划能力为目的，不断强化适合生涯发展的认知能力、合作能力、创新能力、职业能力，力图帮助学生适应并服务于社会，获得终身学习、终身幸福的能力。

教书育人在细微处，学生成长在实践中。本套教材的出版，将丰富生涯教育的承载形式，为中小学开展并落实基于综合实践活动的生涯教育提供可借鉴的案例，有效加强中学生生涯教育，促进学生全面发展、终身发展和个性发展。希望广大学生也可以像西大附中学生一样"在最适合的时候遇到最美的自己"，希望更多的学校像西大附中一样"为学生一生的生涯幸福奠基，让他们成长为自己满意的样子"。

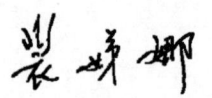

裴娣娜

(北京师范大学资深教授，博士生导师，当代教育名家，
中国课程与教学论领军人物，全国教学论专业委员会主任)

总序二

寒来暑往,西南大学附属中学在生涯教育这片热土上已躬耕二十余年。多年实践让我们相信,学校的课程、活动、校本教材都应回到问题的原点:什么是教育?

教育,是将自然人培养成社会人的过程,是帮助每一个孩子认识自己、发现自己,让他既能成长为自己心中最美的样子,又能符合国家、社会对人才的需求。

因此,我们希望实现这样一种生涯教育:让学生有智慧地参与综合实践活动,从活动中生发智慧;让学生有德性地参与综合实践活动,在活动中完善德性;让学生带着对美的追求参与到活动中,在活动中提升创造美的能力。一个拥有智慧与德性、能够欣赏美创造美的个体,定然能够在瞬息万变的世界里立定脚跟,也能够在喧喧嚷嚷中细心呵护一枝蔷薇。

秉持这样的理念,我们编写了"遇见最美的自己"——基于综合实践活动的生涯教育系列教材,着力帮助学生更好地适应未来不同阶段的身份、角色。希望学习此书的孩子们,不必因为不懂自己、不明环境、不会选择而错失遇见最美自己的机会。请打开这些书,热情地投入到探索活动中,感知自己的心跳起伏,喜恶悲欣;细细品读每个生涯故事,观察他人的生活,触碰更多可能;更要在校本实践中交流碰撞,磨砺成长……这些书将是孩子们生涯成长路上的小伙伴,陪在身旁,给予力量。希望大家从此学会学习,学会选择,学会生活。

基于综合实践活动的生涯教育是为幸福人生奠基的教育。我相信,当每一个个体恰如其分地成长为自己所喜欢的样子,拥有人生幸福的能力,就同样能为他人带来幸福,为社会创造福祉,为国家幸福而不断奋斗!

欧健

(教育博士,正高级教师,西南大学附属中学党委书记、校长)

目录 CONTENTS

第一章　Python 与 VPython 的安装 …………001

第二章　Python 程序设计基础 ……………007

第三章　VPython 常用函数 ……………017

第四章　利用 Python 解决力与运动问题 ………025

　　　1　小球在两竖直挡板间的
　　　　　往复运动问题 …………027
　　　2　猎犬追狐狸问题 …………030
　　　3　六个小朋友追逐问题 …………033

4	小球平抛后与地面碰撞继续向前跳跃问题 ······ 037
5	不同角度斜抛运动的包络线问题 ············· 041
6	打飞盘游戏问题 ···························· 045
7	达·芬奇沙罐问题 ··························· 048
8	机车启动问题 ······························ 053
9	三星问题(一) ····························· 056
10	三星问题(二) ···························· 061
11	卫星发射问题 ····························· 065
12	小球砸弹簧问题 ··························· 069
13	双振子问题 ······························· 073
14	三物块碰撞问题 ··························· 078
15	n个小球碰撞问题 ························· 082
16	球与圆盘碰撞问题 ························· 087
17	板块问题 ································· 093
18	三物体与弹簧问题 ························· 097
19	两物体与弹簧、斜面问题 ··················· 103
20	考虑摩擦因数的弹簧振子 ··················· 108
21	二维弹簧摆 ······························· 112
22	三维弹簧摆 ······························· 115

第五章　利用Python解决电磁学问题 ……………………… 119

- *1* 等量同种电荷正方形区域电场问题 ………… *121*
- *2* 重力场与电场的复合场问题 ………………… *124*
- *3* 带电粒子在电偶极子连线与中垂线上的
  往复运动问题 ………………………………… *127*
- *4* 电场与磁场叠加问题 ………………………… *130*
- *5* 电场与磁场组合问题 ………………………… *135*
- *6* 两粒子碰撞与磁场问题 ……………………… *141*
- *7* 粒子在磁场中与壁碰撞问题 ………………… *147*
- *8* 回旋加速器问题 ……………………………… *151*

第一章

Python 与 VPython 的安装

一、Python的安装

Python是一种简单易学又功能强大的编程语言。它具有高效的高级数据结构和简单而有效的面向对象编程的特性。Python动态类型和优雅的语法,以及其解释型的性质,使它成为许多领域和平台脚本编写和快速应用程序开发的理想语言。

我们可以进入Python官网(如图1-1所示)下载软件。

图1-1

在Downloads菜单中找到Python 3.7.2版本(如图1-2所示),点击"Download"按钮下载。下载完成后,运行安装程序即可完成安装。

图1-2

对于初学者而言，可以选择Sublime Text或者PyCharm等编辑器进行Python代码的编写，这些编辑器有自动补全、代码高亮等功能，相比较Python自带的IDLE编辑器，比较适合入门者使用，如图1-3所示。

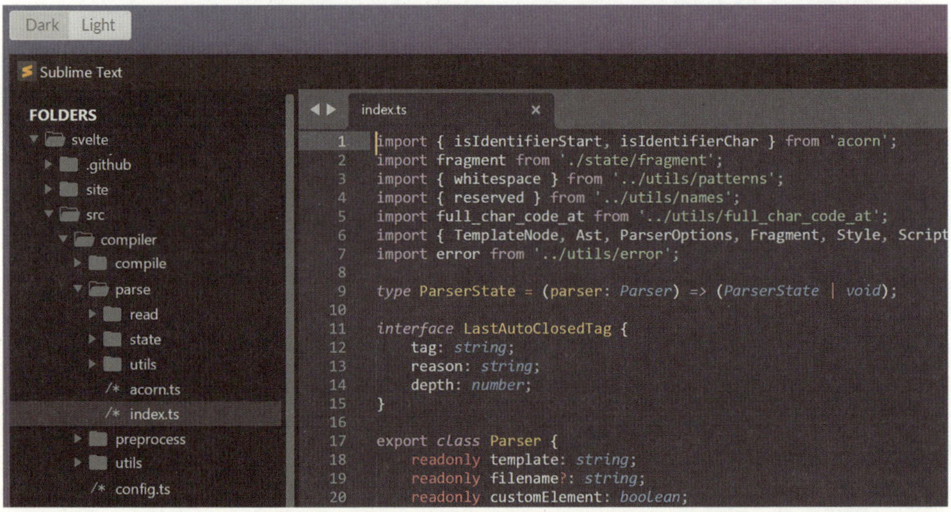

图1-3

二、VPython的安装

VPython可以轻松创建可交互的3D模型和动画，即使对于那些编程经验有限的人来说，也能容易使用。因为它基于Python，所以它也可以为经验丰富的程序员和研究人员提供很多帮助。VPython的官方示例网页如图1-4所示。

图1-4

VPython安装非常方便，在键盘上同时按"Win+R"键，输入cmd并按回车键（如图1-5所示），打开终端，如图1-6所示。

图1-5

图1-6

在终端中输入pip install vpython并按回车键，进行VPython安装，安装完成后会有类似于图1-7所示的提示。

```
Requirement already satisfied: async-generator in c:\programda
0->nbconvert->jupyter->vpython) (1.10)
Requirement already satisfied: nest-asyncio in c:\programdata\
nbconvert->jupyter->vpython) (1.5.1)
Requirement already satisfied: packaging in c:\programdata\ana
>vpython) (21.0)
Requirement already satisfied: webencodings in c:\programdata\
er->vpython) (0.5.1)
Requirement already satisfied: pyparsing>=2.0.2 in c:\programd
bconvert->jupyter->vpython) (3.0.4)
Requirement already satisfied: qtpy in c:\programdata\anaconda
10.0)
```

图1-7

运行Sublime Text编辑器,输入如图1-8所示的代码并保存,代码的意思是生成一个默认的三维球。

```
1   from vpython import *
2
3   sphere()
```

图1-8

如果Python和VPython均安装成功,同时按下键盘上的"Ctrl+B"键(程序运行快捷键),将会弹出一个网页,显示一个三维白色小球,如图1-9所示。

图1-9

至此,Python与VPython的安装已完成,基本的Python程序设计需要的环境配置工作全部就绪。

第二章

Python 程序设计基础

一、导入模块

导入整个模块：

import module

导入模块中全部函数：

from module import *

"from 模块名称 import *"表示把该模块下的全部内容导入，为了防止模块间的相互干扰，一般情况下不建议这么做；不过，由于我们暂时不需要引入其他模块，这样做是可行的，也是方便的。

二、变量名

变量名首字符必须是字母或者下划线，对大小写是敏感的，最好使用有意义的变量名称，能让人一眼看出这个变量代表的意义。

例如：储存地板长度的变量可命名为floorLength。

在Python中等号（=）用来给变量赋值，双等号（==）用来判断两个变量是否相等，这与数学上的意义有所不同。

例如：

boxMass=2

表示将2赋值给boxMass。

例如：

if a==b:

    print("a等于b")

表示如果a等于b，则输出"a等于b"。

三、保留字

Python的保留字不能用作变量名，Python保留字包括：False,None, True, and, as, assert, break, class, continue, def, del, elif, else, except, finally, for, from, global, if, import, in, is, lambda, nonlocal, not, or, pass, raise, return, try, while, with, yield。

例如：

if=3

Python会提示语法错误，如图2-1所示，因此不应使用Python保留字作为变量名。

```
File "C:\Users\pc\Desktop\1.py", line 1
    if=3
      ^
SyntaxError: invalid syntax
[Finished in 164ms]
```

图2-1

四、注释

注释是对代码的解释和说明，Python代码的注释分为单行注释和多行注释两种。

单行注释以"#"号开头，单行注释可以放在被注释代码的后面，也可以作为单独的一行放在被注释代码的上方。例如：

if a==b:#注意表达式里是两个等号

当注释内容较多，放在一行中不便于阅读时，可以使用多行注释。在Python中，使用3个连续单引号或3个连续双引号将多行注释的内容括起来，例如：

"""

第一行注释

第二行注释

第三行注释

……

"""

五、缩进

在Python中，用"缩进"来体现代码之间的逻辑关系和代码块的范围，这跟C和C++等其他语言不同，缩进不正确会导致程序运行错误。

六、数据类型

1.数字。Python中的数字分为整型(不带小数点的数字)和浮点型(带小数点的数字)两种。

2.字符串。用单引号' '、双引号" "或三引号""" """创建,例如：

'hello world！'

3.列表。用方括号[ ]创建,例如：

list1=[1,2,3,4,5]

4.元组。用小括号( )创建,例如：

tup1 = ('Baidu', 'Runoob', 1997, 2000)

5.字典。用大括号{ }创建,例如：

dict = {'Name': 'Su', 'Age': 7, 'Class': 'Onet'}

七、运算符

Python中的运算符主要有算术运算符(见表2-1)、赋值运算符、关系运算符(见表2-2)、逻辑运算符(见表2-3)、位运算符、成员与身份运算符,运算符之间有优先级。

表2-1　算术运算符

运算符	描述	实例
+	加法运算或正号	10+20结果为30,+2结果为2
-	减法运算或负号	10-5结果为5,-5结果为-5
*	乘法运算	2*3结果为6
/	除法运算	10/5结果为2,7.0/2结果为3.5
**	求幂运算	2**3结果为8
//	取整除法	7//3结果为2,7.0//2.0结果为3.0
%	求模运算	5%2结果为1

表2-2 关系运算符

运算符	描述	实例
==	等于	1==1返回True,'abc'=='ABC'返回False
<	小于	3<4返回True,'comuter'<'compare'返回False
>	大于	1>5返回False,'abc'>'ab'返回True
<=	小于等于	1<=2返回True
>=	大于等于	3>=-3返回True
!=	不等于	'abc'!='ABC'返回True

表2-3 逻辑运算符

运算符	描述	实例
and	布尔"与"	True and True 返回 True True and False 返回 False False and True 返回 False False and False 返回 False
or	布尔"或"	True or True 返回 True True or False 返回 True False or True 返回 True False or False 返回 False
not	布尔"非"	not True 返回 False not False 返回 True

八、if条件语句

Python中的条件语句通过一条或多条语句的执行结果(True或者False)来决定执行的代码块。

if条件语句的一般形式为：

```
if condition_1:
    statement_block_1
elif condition_2:
    statement_block_2
```

```
else:
    statement_block_3
```

如果 "condition_1" 为 True，将执行 statement_block_1 块语句；如果 "condition_1" 为 False，将判断 "condition_2"，如果"condition_2" 为 True，将执行 statement_block_2 块语句；如果 "condition_2" 为 False，将执行 statement_block_3 块语句。程序运行流程如图 2-2 所示。

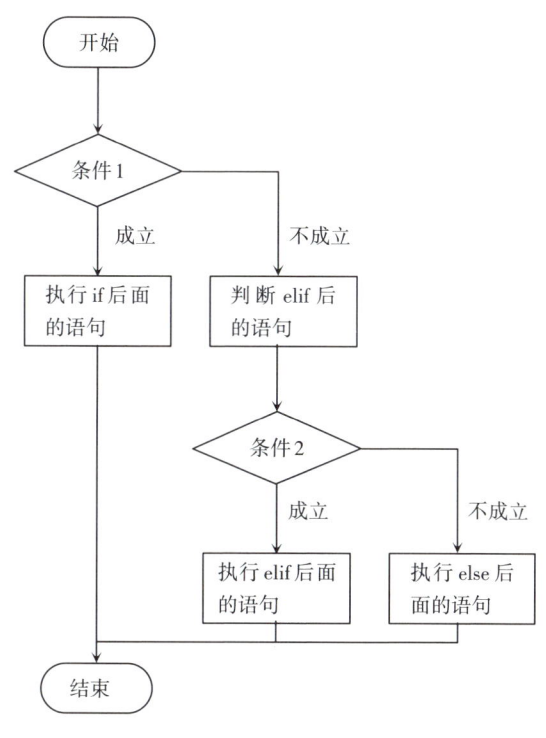

图 2-2

九、for 循环语句

Python 中的 for 循环语句的功能非常强大，可以遍历任何序列的项目，如一个列表或者一个字符串。

for 循环语句的一般形式为：

```
for iterating_var in sequence:
    statements(s)
```

如果你需要遍历数字序列，可以使用内置 range() 函数。它会生成数列，例如：

```
for i in range(5):
    print(i)
```

输出结果为 0 1 2 3 4。

程序运行流程如图 2-3 所示。

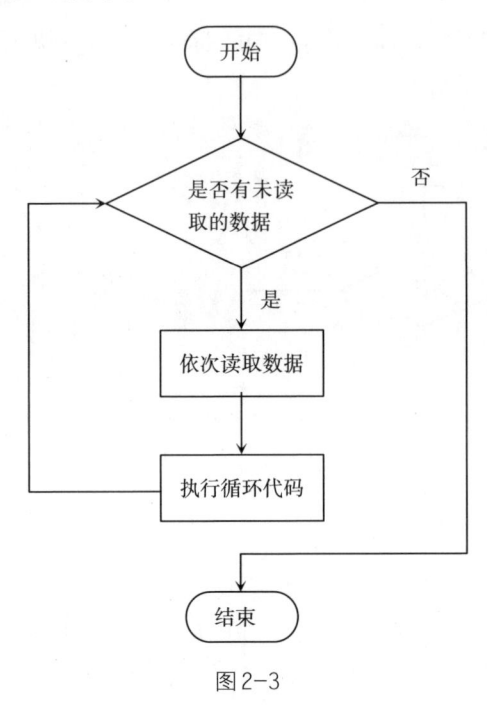

图 2-3

十、while 循环语句

while 循环语句的底层逻辑也是循环，与 for 循环语句的区别在于，它是在指定条件成立时重复执行操作。

while 循环语句的一般形式为：

while 判断条件(condition)：

　　执行语句(statements)……

while 循环语句常与 True 搭配使用来创建永久循环，例如：

```
while True:
    num=1
    print(num)
```

输出结果为 1(循环输出)。如果想停止 while True 的永久循环，可以单击代码编辑器的终止按钮。

程序运行流程如图2-4所示。

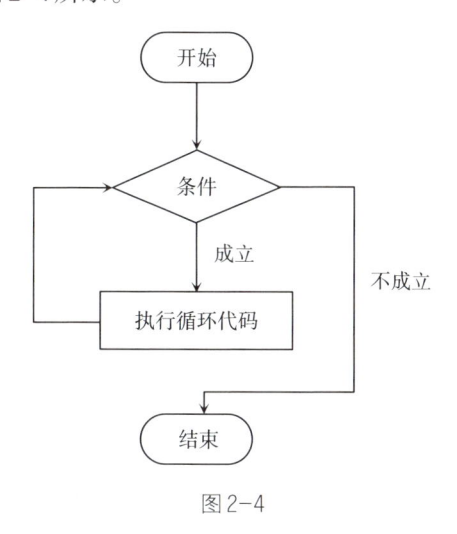

图2-4

十一、函数

Python函数的定义包括对函数名、函数的参数与函数功能的描述。一般形式为：

def 函数名（[形式参数表]）:

  函数体

例如：

def hello():

  print("Hello world!")

hello()

输出结果为Hello world!。

十二、输入与输出

在Python中，使用内置函数input()实现标准输入，其调用格式为：

input([提示字符串])

在Python中，使用内置函数print()实现基本输出，其调用格式为：

print([输出项1,输出项2,……,输出项n])

第三章

VPython 常用函数

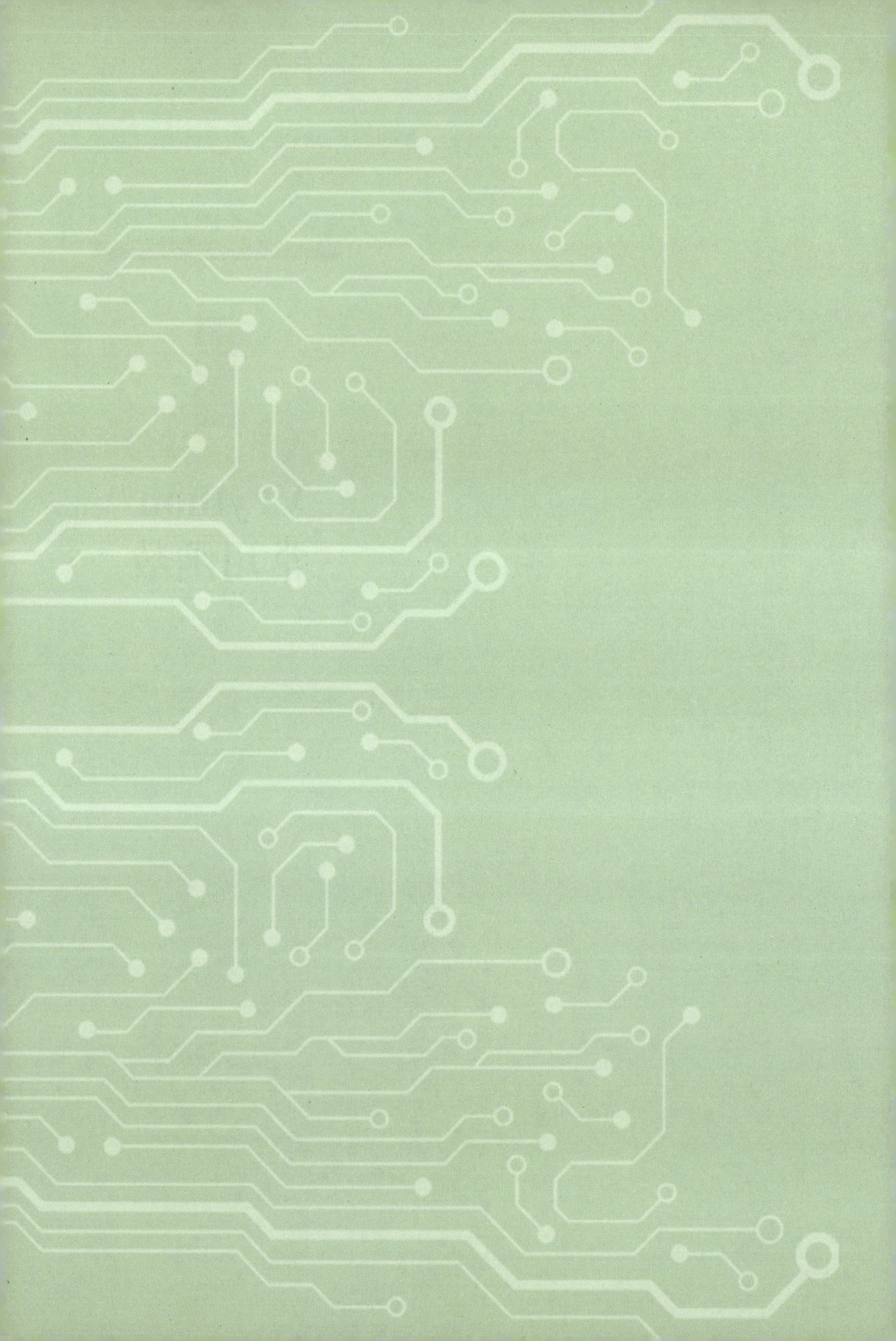

一、物体类

1.箭头(arrow)的参数见表3-1。

表3-1　箭头的参数说明

参数	说明	范例
color	颜色	color=(0.2,0.3,0.4)
pos	尾端为起点（位置）	pos=vector(0,2,1)
axis	箭头指的方向	axis=vector(5,0,0)
material	材质	material=materials.earth
opacity	不透明度	opacity=0.5

2.长方体(box)的参数见表3-2。

表3-2　长方体的参数说明

参数	说明	范例
color	颜色	color=(0.2,0.3,0.4)
pos	中心为起点（位置）	pos=vector(0,2,1)
size	长方体在 xzy 轴上的长度	size=vector(5,1,1)
axis	从pos延伸长方体的方向	axis=vector(0,2,1)
material	材质	material=materials.earth
opacity	不透明度	opacity=0.5

3.圆柱(cylinder)的参数见表3-3。

表3-3　圆柱的参数说明

参数	说明	范例
color	颜色	color=(0.2,0.3,0.4)
pos	尾端为起点（位置）	pos=vector(0,2,1)
radius	半径（底面）	radius=0.1
axis	从pos延伸圆柱的方向	axis=(1,2,1)

续表

参数	说明	范例
length	圆柱长度(length的优先级高于axis)	length=2
material	材质	material=materials.earth
opacity	不透明度	opacity=0.5

4. 弹簧(helix)的参数见表3-4。

表3-4 弹簧的参数说明

参数	说明	范例
color	颜色	color=(0.2,0.3,0.4)
pos	尾端为起点(位置)	pos=vector(0,2,1)
radius	半径	radius=0.1
coils	线圈数	coils=10
thickness	线宽	thickness=0.01
axis	从pos延伸弹簧的方向	axis=(1,2,1)
length	弹簧长度	length=2

5. 圆环(ring)的参数见表3-5。

表3-5 圆环的参数说明

参数	说明	范例
color	颜色	color=(0.2,0.3,0.4)
pos	中心为起点(位置)	pos=vector(0,2,1)
radius	半径	radius=0.1
thickness	线宽	thickness=0.01
axis	从pos延伸圆环的方向	axis=(1,2,1)
length	圆环长度	length=2
material	材质	material=materials.earth
opacity	不透明度	opacity=0.5

6.球(sphere)的参数见表3-6。

表3-6　球的参数说明

参数	说明	范例
color	颜色	color=(0.2,0.3,0.4)
pos	中心为起点(位置)	pos=vector(0,2,1)
radius	半径	radius=0.1
material	材质	material=materials.earth
opacity	不透明度	opacity=0.5

7.自定义图形：自定义图形是利用拉伸(extrusion)功能来创建图形。创建图形的步骤分别是绘制一个2D图案、设定拉伸路径、拉伸图案。

范例：extrusion(pos=path, shape=tri, color=color.red)。

二、标识类

1.轨迹显示(make_trail)的参数见表3-7。

表3-7　轨迹显示的参数说明

参数	说明	范例
trail_color	颜色	trail_color=(0.2,0.3,0.4)
trail_type	记录点的类型	trail_type="points"
trail_radius	半径	trail_radius=0.01
retain	欲保留的记录点个数	retain=50
interval	间隔	interval=10

使用这个功能，首先要将make_trail设定为真，如ball.make_trail=True。默认的显示路径为连起来的曲线，如果要清除所有路径的话，则可用clear_trail()这个指令。

2. 标签(label)的参数见表3-8。

表3-8　标签的参数说明

参数	说明	范例
text	文字内容	text="Earth"
color	文字颜色	color=(0.2,0.3,0.4)
background	背景颜色	background=(0.2,0.3,0.4)
pos	标签的位置	pos=[(0,0,0),(0,1,0),(1,1,0)]
height	文字高度	height=1

3. 点(points)的参数见表3-9。

表3-9　点的参数说明

参数	说明	范例
color	颜色	color=(0.2,0.3,0.4)
pos	点的位置	pos=[(0,0,0),(0,1,0),(1,1,0)]
shape	点的形状	shape="square"

三、向量类（见表3-10）

表3-10　向量函数

函数	说明
mag(A)	向量大小
mag2(A)	向量大小的平方
norm(A)	归一化
dot(A,B)	点乘
cross(A,B)	叉乘
diff_angle(A,B)	两个向量之间的角度（单位：弧度）
proj(A,B)	A 在 B 方向的投影
A.equals(B)	判断两个向量是否相同
vector.random()	生成随机向量

四、材料种类（见表3-11）

表3-11 材料种类

属性	说明
materials.wood	木材
materials.bricks	砖块
materials.marble	大理石
materials.plastic	塑料
materials.glass	玻璃
materials.ice	冰块
materials.silver	银
materials.chrome	铬合金
materials.earth	地球
materials.BlueMarble	蓝色大理石
materials.diffuse	扩散
materials.blazed	闪耀
materials.rough	粗糙
materials.emissive (looks like it glows)	发射性（看起来像发光）
materials. unshaded (unaffected by lighting)	无阴影（不受光照影响）

第四章

利用 Python 解决力与运动问题

1 小球在两竖直挡板间的往复运动问题

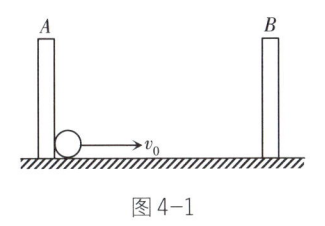

题目

图 4-1

如图 4-1 所示，A、B 为水平导轨上固定的竖直挡板，相距 $L = 4\text{ m}$。一可视为质点的小球自 A 板处开始，以 $v_0 = 4\text{ m/s}$ 的速度沿导轨向 B 运动，它与 A、B 挡板碰撞后均以与碰前大小相等的速率反弹，且在导轨上做减速运动的加速度大小不变。如果小球最后停在 AB 的中点，则小球在导轨上运动时的加速度大小可能是（　　）。

A. $\dfrac{4}{7}\text{ m/s}^2$　　　B. 0.5 m/s^2　　　C. $\dfrac{4}{3}\text{ m/s}^2$　　　D. 1.5 m/s^2

解析

小球最后停在 AB 的中点，可知小球的路程

$$s = nL + \dfrac{L}{2},$$

根据速度位移公式有

$$v_t^2 - v_0^2 = 2(-a)s,$$

代入数据，解得

$$a = \dfrac{4}{2n+1}\text{ m/s}^2\,(n = 0, 1, 2, 3, \cdots),$$

当 $n = 0$ 时，
$$a = 4 \text{ m/s}^2;$$

当 $n = 1$ 时，
$$a = \frac{4}{3} \text{ m/s}^2;$$

当 $n = 2$ 时，
$$a = 0.8 \text{ m/s}^2;$$

当 $n = 3$ 时，
$$a = \frac{4}{7} \text{ m/s}^2。$$

选项 A、C 正确，B、D 错误。

跟我一起敲代码

```python
from vpython import *
boxA=box(pos=vec(-2.15,0,0),size=vec(0.1,1,0.5),color=color.white)
boxB=box(pos=vec(2.15,0,0),size=vec(0.1,1,0.5),color=color.white)
ball=sphere(pos=vec(-2,-0.45,0),radius=0.1,color=color.red,velocity=vec(4,0,0),make_trail=True)
dt=0.0001
a=4/7

while True:
    rate(10000)
    ball.velocity+=a*dt*(-norm(ball.velocity))
    ball.pos.x+=ball.velocity.x*dt
    if boxB.pos.x-ball.pos.x<0.15:
        ball.velocity.x=-ball.velocity.x
    if abs(boxA.pos.x-ball.pos.x)<0.15:
        ball.velocity.x=-ball.velocity.x
```

可视化呈现

程序执行结果如图4-2所示。

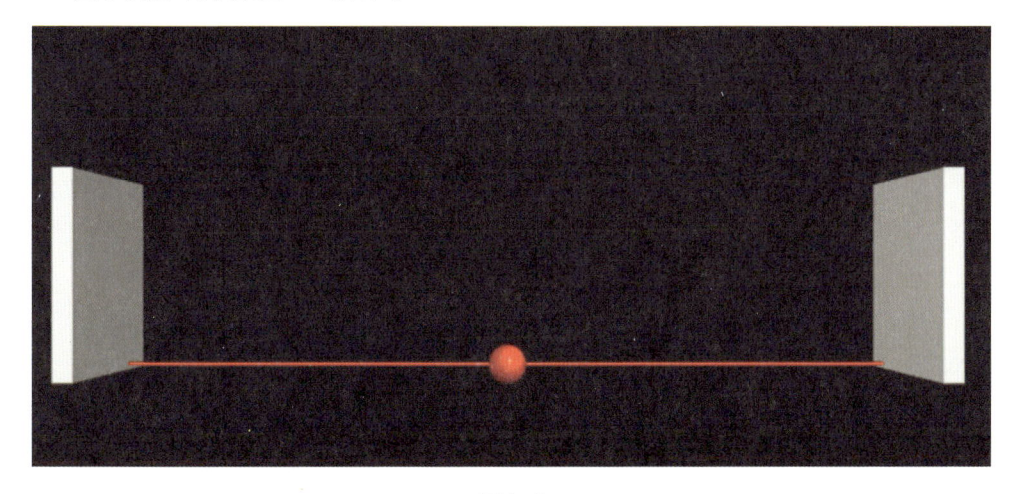

图4-2

扫一扫,看视频

2 猎犬追狐狸问题

题目

一只狐狸以不变的速度 v_1 沿直线 AB 奔逃,一只猎犬以不变的速率 v_2 追击,其运动方向始终对准狐狸,某时刻狐狸在 F 处,猎犬在 D 处,$FD \perp AB$,已知 $FD = L$,如图 4-3 所示,试求此时猎犬的加速度大小。

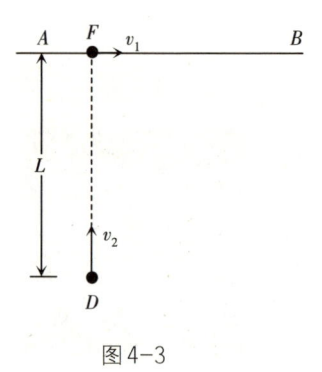

图 4-3

解析

猎犬做匀速率曲线运动,其加速度只有法向分量。

在所求时刻开始的一段无限短的时间 Δt 内,猎犬的运动轨迹可近似看成一段圆弧,设其半径为 R,则法向加速度(等于加速度)为

$$a_n = \frac{v_2^2}{R},$$

在 Δt 时间内，猎犬的速度方向转过的角度为

$$\alpha = \frac{v_2 \Delta t}{R},$$

而狐狸奔跑的距离为

$$v_1 \Delta t = \alpha L,$$

因而

$$\frac{v_1 \Delta t}{L} = \frac{v_2 \Delta t}{R},$$

猎犬此时的法向加速度为

$$a_n = \frac{v_2^2}{R} = \frac{v_1 v_2}{L},$$

这个法向加速度值就是此时猎犬的加速度。

跟我一起敲代码

```
from vpython import *
fox=sphere(pos=vector(-8,7,0),velocity=vector(1,0,0),radius=0.3,color=color.white,make_trail=True)
dog=sphere(pos=vector(-8,-7,0),radius=0.3,color=color.red,make_trail=True)
dt=0.001
label(pos=vector(-8,7,0),text="FOX")
label(pos=vector(-8,-7,0),text="DOG")

while mag(dog.pos-fox.pos)>=0.001:
    rate(1000)
    fox.pos=fox.pos+fox.velocity*dt
    dog.pos=dog.pos+1.5*norm(fox.pos-dog.pos)*dt
```

可视化呈现

程序执行结果如图4-4所示。

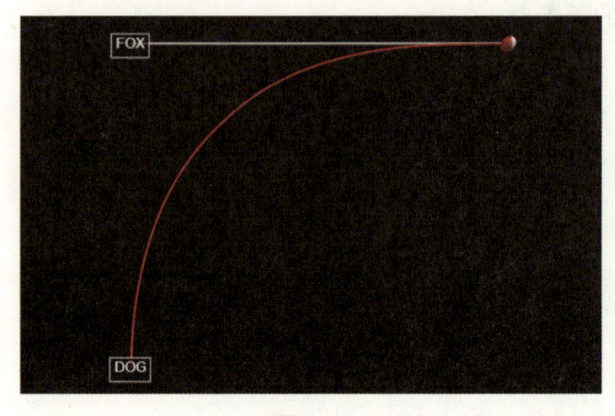

图4-4

扫一扫,看视频

3

六个小朋友追逐问题

题目

6个小朋友在操场上玩追逐游戏,开始时,6个小朋友两两间距相等,构成一边长为l_0的正六边形,然后每个小朋友均以不变的速率v追赶前面的小朋友,在此过程中,每个小朋友的运动方向总是指向其前方的小朋友,已知某时刻,相邻两个小朋友的距离为l,如图4-5所示。问:1.小朋友相遇的时间和小朋友所跑的路程?2.每个小朋友运动轨迹如何?

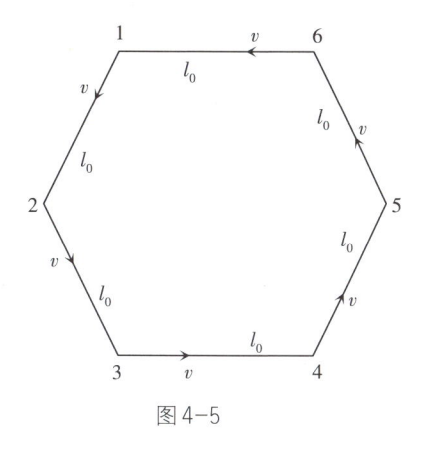

图4-5

解析

由对称性可知,每个小朋友运动情况是一样的,6个小朋友总是组成正六边形,以小朋友1为例,在从小朋友1到小朋友2的连线方向上,小朋友1相对于小朋友2的速度分量为

$$v_r = v - v\cos 60° = \frac{v}{2},$$

小朋友1追上2的时间为

$$t = \frac{l}{v_r} = \frac{2l}{v}。$$

从追逐时刻开始,直至追上前面的小朋友,每个小朋友所跑的路程为

$$s = vt = 2l。$$

取小朋友 1 的运动轨迹为自然坐标系,其切向加速度为

$$a_t = \frac{\mathrm{d}v}{\mathrm{d}t} = 0,$$

令 t 时刻小朋友间的距离为 l,如图 4-6 所示,设经 $\mathrm{d}t$ 时间小朋友 1 运动到 1′点,小朋友 2 运动到 2′点,小朋友 1 的速度方向变为从 1′点指向 2′点,转过的角度为 $\mathrm{d}\theta$。

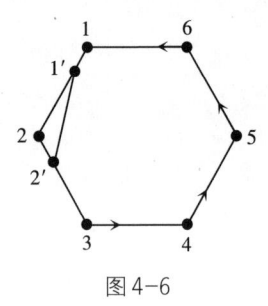

图 4-6

由余弦定理得

$$\begin{aligned} l_{1'2'} &= \sqrt{l_{1'2}^2 + (v\mathrm{d}t)^2 - 2l_{1'2}v\mathrm{d}t\cos 120°} \\ &= \sqrt{(l - v\mathrm{d}t)^2 + (v\mathrm{d}t)^2 - 2(l - v\mathrm{d}t)v\mathrm{d}t\cos 120°} \\ &= \sqrt{(l - v\mathrm{d}t)^2 + (v\mathrm{d}t)^2 + (l - v\mathrm{d}t)v\mathrm{d}t} \\ &= \sqrt{l^2 - lv\mathrm{d}t + (v\mathrm{d}t)^2} \\ &\approx l - \frac{1}{2}v\mathrm{d}t。 \end{aligned}$$

由正弦定理得

$$\frac{l_{1'2'}}{\sin 120°} = \frac{v\mathrm{d}t}{\sin(\mathrm{d}\theta)} = \frac{v\mathrm{d}t}{\mathrm{d}\theta}。$$

式中 $\mathrm{d}\theta$ 为 △1′22′ 中两边 $l_{1'2}$ 与 $l_{1'2'}$ 之间的夹角。

小朋友 1 运动的角速度为

$$\omega = \frac{\mathrm{d}\theta}{\mathrm{d}t} = \frac{v\sin 120°}{l_{1'2'}} = \frac{\sqrt{3}\,v}{2(l - \frac{1}{2}v\mathrm{d}t)} \approx \frac{\sqrt{3}\,v}{2l},$$

小朋友 1 运动的法向加速度为

$$a_n = \omega v = \frac{\sqrt{3}\,v^2}{2l},$$

故轨迹的曲率半径为

$$\rho = \frac{v^2}{a_n}, \rho = \frac{2\sqrt{3}}{3}l,$$

可知

$$l = l_0 - v_r \cdot t = l_0 - \frac{v}{2} \cdot t,$$

故有

$$\rho = \frac{2\sqrt{3}}{3}(l_0 - \frac{v}{2} \cdot t),$$

即小朋友运动轨迹的曲率半径不断减小。

跟我一起敲代码

```
from vpython import *
ball1=sphere(pos=vector(1,0,0)*3,radius=0.05,color=color.red,make_trail=True)
ball2=sphere(pos=vector(0.5,sqrt(3)/2,0)*3,radius=0.05,color=color.yellow,make_trail=True)
ball3=sphere(pos=vector(-0.5,sqrt(3)/2,0)*3,radius=0.05,color=color.white,make_trail=True)
ball4=sphere(pos=vector(-1,0,0)*3,radius=0.05,color=color.green,make_trail=True)
ball5=sphere(pos=vector(-0.5,-sqrt(3)/2,0)*3,radius=0.05,color=color.orange,make_trail=True)
ball6=sphere(pos=vector(0.5,-sqrt(3)/2,0)*3,radius=0.05,color=color.cyan,make_trail=True)
label(pos=vector(-0.5,sqrt(3)/2,0)*3,text="1")
label(pos=vector(-1,0,0)*3,text="2")
label(pos=vector(-0.5,-sqrt(3)/2,0)*3,text="3")
label(pos=vector(0.5,-sqrt(3)/2,0)*3,text="4")
label(pos=vector(1,0,0)*3,text="5")
label(pos=vector(0.5,sqrt(3)/2,0)*3,text="6")
dt=0.001
```

```
while mag(ball2.pos-ball1.pos)>=0.001:
    rate(1000)
    ball1.pos=ball1.pos+norm(ball2.pos-ball1.pos)*dt
    ball2.pos=ball2.pos+norm(ball3.pos-ball2.pos)*dt
    ball3.pos=ball3.pos+norm(ball4.pos-ball3.pos)*dt
    ball4.pos=ball4.pos+norm(ball5.pos-ball4.pos)*dt
    ball5.pos=ball5.pos+norm(ball6.pos-ball5.pos)*dt
    ball6.pos=ball6.pos+norm(ball1.pos-ball6.pos)*dt
```

可视化呈现

程序执行结果如图4-7所示。

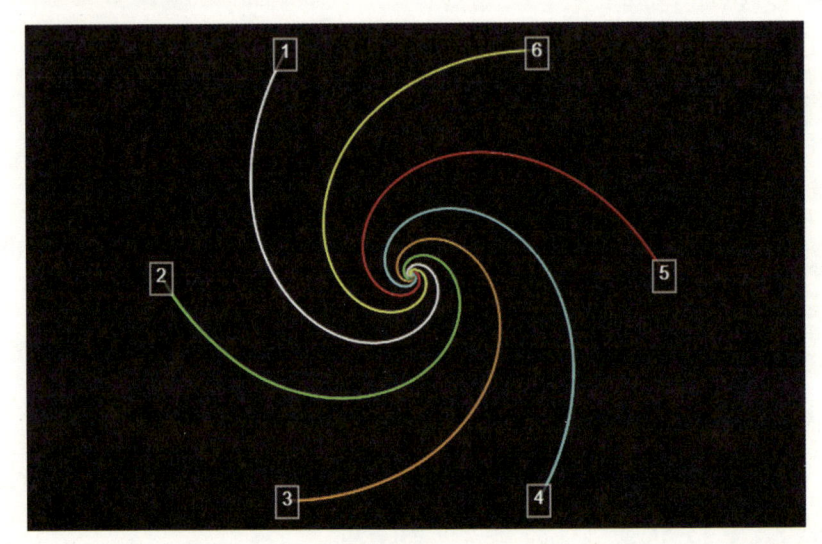

图4-7

扫一扫，看视频

小球平抛后与地面碰撞继续向前跳跃问题

题目

如图4-8所示,一个小球从高为h处以水平速度v_x抛出,与地面发生碰撞后继续向前跳跃。假设小球在水平方向没有摩擦,在竖直方向碰撞后的速率与碰撞前的速率之比为$k(k<1)$,k称为反弹系数,求小球从抛出到静止,运动的时间和水平距离,以及小球的运动轨迹是什么?

图4-8

解析

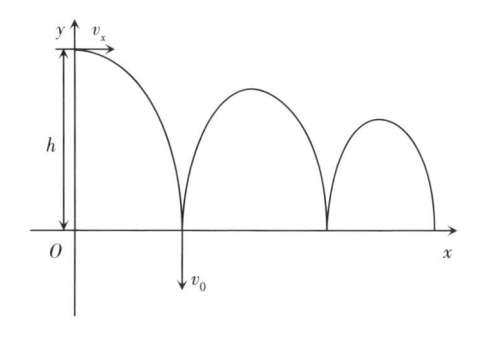

图4-9

如图4-9所示,小球首先做平抛运动,其运动方程为
$$x = v_x t,$$
$$y = h - \frac{1}{2}gt^2,$$
小球与地面碰撞前的竖直速率为
$$v_0 = \sqrt{2gh},$$
运动的时间为
$$T_0 = \sqrt{\frac{2h}{g}},$$
小球与地面碰撞后做斜抛运动,在水平方向是匀速直线运动,在竖直方向是上抛运动,小球每次与地面碰撞后的速率为
$$v_1 = kv_0, v_2 = kv_1 = k^2 v_0, \cdots\cdots, v_i = k^i v_0, \cdots\cdots$$
小球第 i 次做斜抛运动的方程为
$$x_i = x_{i0} + v_i t_i,$$
$$y_i = v_i t_i - \frac{1}{2} g t_i^2,$$
其中,t_i 是小球第 i 次斜抛运动的时间,x_{i0} 是水平初始位置。

小球第1次做斜抛运动的时间为
$$T_1 = \frac{2v_1}{g} = 2kT_0,$$
小球第2次做斜抛运动的时间为
$$T_2 = \frac{2v_2}{g} = 2k^2 T_0,$$
小球第 i 次做斜抛运动的时间为
$$T_i = \frac{2v_i}{g} = 2k^i T_0,$$
小球运动的总时间为
$$T = T_0 + T_1 + T_2 + \cdots + T_i$$
$$= T_0 + 2T_0(k + k^2 + \cdots + k^i),$$
根据等比数列求和公式,可得
$$T = T_0 + 2T_0 \frac{k}{1-k} = \frac{1+k}{1-k} T_0,$$

小球运动的水平距离为

$$X = v_x T = v_x \frac{1+k}{1-k} \sqrt{\frac{2h}{g}}。$$

跟我一起敲代码

```
from vpython import *
L=15
h=8
v_x=2
v_y=0
g=-9.8
k=0.9
dt=0.01
t=0


scene=canvas(width=1000,height=600,background=vec(0,1,1),center=vec(0,0.5*h,0))
floor=box(length=L,height=0.05,width=5,pos=vec(0,0,0))
ball=sphere(radius=0.2,pos=vec(-L/2,h,0),color=color.red,v=vec(v_x,v_y,0),make_trail=True)

while ball.pos.x<=floor.length/2:
    rate(100)
    ball.pos.x=ball.pos.x+ball.v.x*dt
    ball.v.y=ball.v.y+g*dt
    if ball.pos.y<ball.radius and ball.v.y<0:
        ball.v.y=-ball.v.y*k
    ball.pos.y=ball.pos.y+ball.v.y*dt
    t=t+dt
```

可视化呈现

程序执行结果如图4-10所示。

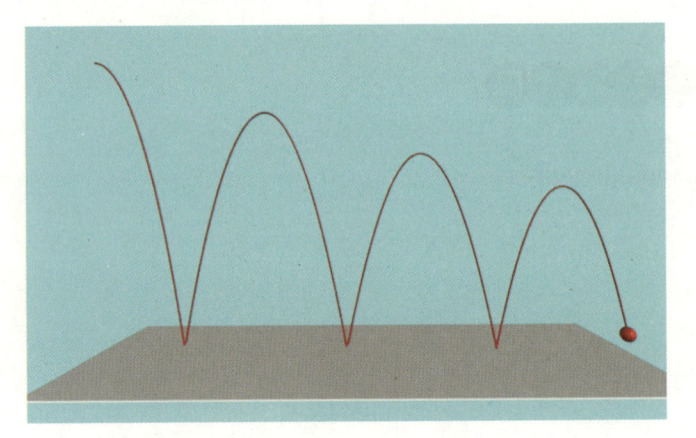

图4-10

扫一扫,看视频

不同角度斜抛运动的包络线问题

题目

如图4-11所示,在同一抛掷点,用相同大小的初速度v_0,以各不同的抛射角抛出一个物体,将得到不同的抛物线轨道,形成一簇抛物线,试求此抛物线簇所能达到的区域边界。

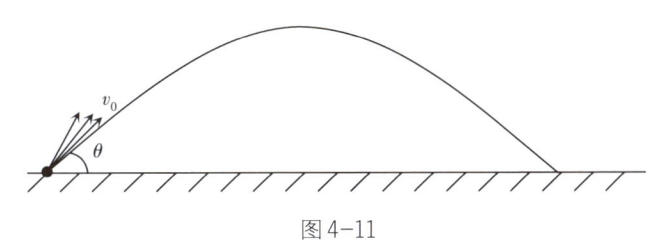

图4-11

解析

设包络线上有一点,其坐标设为(x,y),由于物体不可能到达包络线以外的区域,因此,如果确定横坐标x,则它的纵坐标y必然是物体运动时所能达到的最大值,如果比这个y还要大,就会超出包络线范围。

由

$$x = v_0 \cos\theta \cdot t,$$

可知

$$t = \frac{x}{v_0 \cos\theta},$$

将其带入

$$y = v_0 \sin\theta \cdot t - \frac{1}{2}gt^2,$$

化简可得

$$y = x\tan\theta - \frac{gx^2}{2v_0^2}(1+\tan^2\theta)$$

$$= -\frac{gx^2}{2v_0^2}(\tan\theta - \frac{v_0^2}{gx})^2 + (\frac{v_0^2}{2g} - \frac{gx^2}{2v_0^2}),$$

所以，y 的最大值是

$$y = -\frac{gx^2}{2v_0^2} + \frac{v_0^2}{2g},$$

这就是抛物线簇所能达到的区域边界即包络线方程，它也是一条抛物线。

跟我一起敲代码

```
from vpython import *
theta=[pi/18,2*pi/18,3*pi/18,4*pi/18,5*pi/18,6*pi/18,7*pi/18,8*pi/18,9*pi/18]
v0=10
ball0=sphere(pos=vec(-10,0,0),radius=0.1,velocity=vec(v0*cos(theta[0]),v0*sin(theta[0]),0),make_trail=True)
ball1=sphere(pos=vec(-10,0,0),radius=0.1,velocity=vec(v0*cos(theta[1]),v0*sin(theta[1]),0),make_trail=True)
ball2=sphere(pos=vec(-10,0,0),radius=0.1,velocity=vec(v0*cos(theta[2]),v0*sin(theta[2]),0),make_trail=True)
ball3=sphere(pos=vec(-10,0,0),radius=0.1,velocity=vec(v0*cos(theta[3]),v0*sin(theta[3]),0),make_trail=True)
ball4=sphere(pos=vec(-10,0,0),radius=0.1,velocity=vec(v0*cos(theta[4]),v0*sin(theta[4]),0),make_trail=True)
ball5=sphere(pos=vec(-10,0,0),radius=0.1,velocity=vec(v0*cos(theta[5]),v0*sin(theta[5]),0),make_trail=True)
ball6=sphere(pos=vec(-10,0,0),radius=0.1,velocity=vec(v0*cos(theta[6]),v0*sin(theta[6]),0),make_trail=True)
```

```
ball7=sphere(pos=vec(-10,0,0),radius=0.1,velocity=vec(v0*cos(theta
[7]),v0*sin(theta[7]),0),make_trail=True)
ball8=sphere(pos=vec(-10,0,0),radius=0.1,velocity=vec(v0*cos(theta
[8]),v0*sin(theta[8]),0),make_trail=True)
ball=[ball0,ball1,ball2,ball3,ball4,ball5,ball6,ball7,ball8]
floor=box(pos=vec(0,0,0),size=vec(20,0.1,3))
g=vec(0,-9.8,0)
dt=0.01

while True:
    rate(100)
    if ball0.pos.y>=floor.pos.y:
        ball0.velocity+=g*dt
        ball0.pos+=ball0.velocity*dt
    if ball1.pos.y>=floor.pos.y:
        ball1.velocity+=g*dt
        ball1.pos+=ball1.velocity*dt
    if ball2.pos.y>=floor.pos.y:
        ball2.velocity+=g*dt
        ball2.pos+=ball2.velocity*dt
    if ball3.pos.y>=floor.pos.y:
        ball3.velocity+=g*dt
        ball3.pos+=ball3.velocity*dt
    if ball4.pos.y>=floor.pos.y:
        ball4.velocity+=g*dt
        ball4.pos+=ball4.velocity*dt
    if ball5.pos.y>=floor.pos.y:
        ball5.velocity+=g*dt
        ball5.pos+=ball5.velocity*dt
    if ball6.pos.y>=floor.pos.y:
```

```
        ball6.velocity+=g*dt
        ball6.pos+=ball6.velocity*dt
if ball7.pos.y>=floor.pos.y:
        ball7.velocity+=g*dt
        ball7.pos+=ball7.velocity*dt
if ball8.pos.y>=floor.pos.y:
        ball8.velocity+=g*dt
        ball8.pos+=ball8.velocity*dt
```

可视化呈现

程序执行结果如图4-12所示。

图4-12

扫一扫，看视频

6 打飞盘游戏问题

题目

如图4-13所示,运动员持枪瞄准初始高度为h处的飞盘,当运动员开枪瞬间,飞盘几乎在同一时刻由于重力作用自由下落,试证明:不管枪口瞄准飞盘的仰角多大(满足瞄准要求),也不管子弹的初速度如何(满足射程要求),子弹总能击中飞盘。

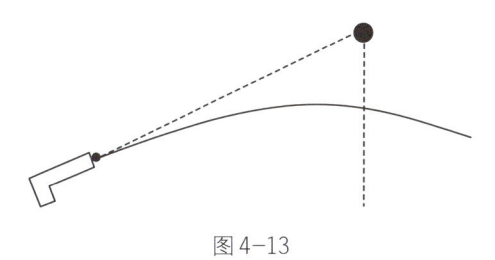

图4-13

解析

以地面为参考系,飞盘做自由落体运动,运动轨迹是直线AC,子弹做斜抛运动,运动轨迹是抛物线OC,子弹与飞盘的运动轨迹相交于C点,子弹和飞盘到达C点所需的时间为t_1, t_2,如图4-14所示。

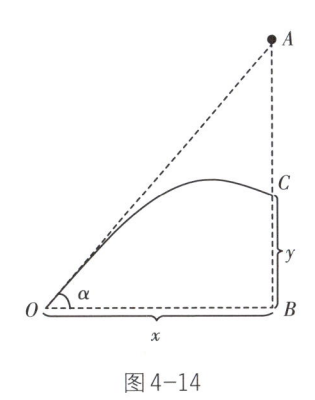

图4-14

设

$$OB = x,$$
$$BC = y,$$

子弹从枪口射出初速度为 v_0,则

$$AC = x \tan \alpha - y,$$

子弹做斜抛运动,有

$$x = v_0 \cos \alpha \cdot t_1,$$
$$y = v_0 \sin \alpha \cdot t_1 - \frac{1}{2} g t_1^2,$$

飞盘做自由落体运动,

$$AC = \frac{1}{2} g t_2^2,$$

即

$$x \tan \alpha - y = \frac{1}{2} g t_2^2,$$

可得

$$t_1 = t_2,$$

说明子弹和飞盘同时到达 C 点,子弹能击中飞盘。

跟我一起敲代码

```
from vpython import *
ball=sphere(pos=vec(10,10,0),radius=0.1,make_trail=True,color=color.red)
gun=sphere(pos=vec(0,0,0),radius=0.1,make_trail=True)
axis1=norm(ball.pos-gun.pos)*12
gun.velocity=axis1
ball.velocity=vec(0,0,0)
g=vec(0,-9.8,0)
dt=0.01

while mag(ball.pos-gun.pos)>=0.2:
```

rate(100)

gun.velocity+=g*dt

gun.pos+=gun.velocity*dt

ball.velocity+=g*dt

ball.pos+=ball.velocity*dt

可视化呈现

程序执行结果如图4-15所示。

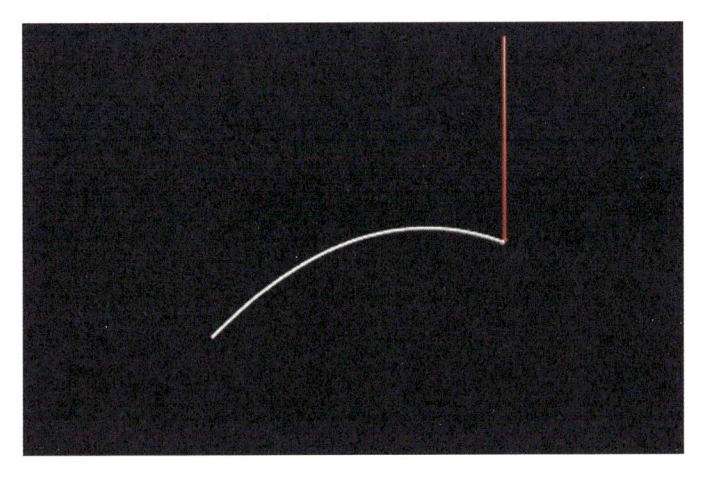

图4-15

扫一扫,看视频

达·芬奇沙罐问题

题目

达·芬奇的手稿中描述了这样一个实验：一个罐子在空中沿水平直线向右做匀加速运动，沿途连续漏出沙子。若不计空气阻力，则下列图中能反映空中沙子排列的几何图形是（　　）。

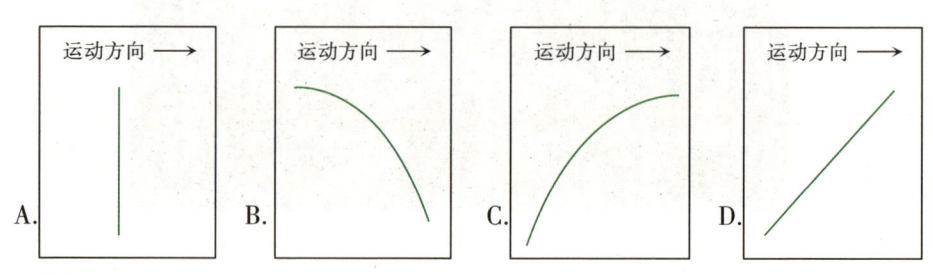

A. 运动方向 →（竖直线）
B. 运动方向 →（向下弯曲曲线）
C. 运动方向 →（向上弯曲曲线）
D. 运动方向 →（倾斜直线）

解析

罐子在空中沿水平直线向右做匀加速运动，在时间 Δt 内水平方向增加量为 $a\Delta t^2$，竖直方向做自由落体运动，在时间 Δt 内增加 $g\Delta t^2$；说明水平方向位移增加量与竖直方向位移增加量比值一定，则连线的倾角就是一定的，故选 D。

跟我一起敲代码

```
from vpython import *
scene=canvas(width=1300,height=1000)
v0=0
```

```
velocity=0
velocity1=0
velocity2=0
velocity3=0
velocity4=0
Box=box(pos=vec(-100,80,0),size=vec(2,2,2),v=vec(v0,0,0),a=10,make_trail=True,color=color.red)
ball1=sphere(pos=vec(-100,80,0),radius=1,a=0,v=vec(0,0,0),make_trail=True)
ball2=sphere(pos=vec(-95,80,0),radius=1,a=0,v=vec(0,0,0),make_trail=True)
ball3=sphere(pos=vec(-80,80,0),radius=1,a=0,v=vec(0,0,0),make_trail=True)
ball4=sphere(pos=vec(-65,80,0),radius=1,a=0,v=vec(0,0,0),make_trail=True)
ball5=sphere(pos=vec(-30,80,0),radius=1,a=0,v=vec(0,0,0),make_trail=True)
ball6=sphere(pos=vec(15,80,0),radius=1,a=0,v=vec(0,0,0),make_trail=True)
dt=0.001
t=0

while True:
    rate(300)
    if (Box.pos.x-ball1.pos.x)<=0:
        ball1.v.x=Box.v.x
        ball1.a=-10
    Box.v.x+=Box.a*dt
    ball1.v.y+=ball1.a*dt
```

```
Box.pos.x+=Box.v.x*dt
ball1.pos.y+=ball1.v.y*dt


    if (ball2.pos.x-Box.pos.x)<=0:
        if velocity==0:
            velocity=10*t
        ball2.v.x=velocity
        ball2.a=-10
ball2.v.y+=ball2.a*dt
ball2.pos.x+=ball2.v.x*dt
ball2.pos.y+=ball2.v.y*dt


    if (ball3.pos.x-Box.pos.x)<=0:
        if velocity1==0:
            velocity1=10*t
        ball3.v.x=velocity1
        ball3.a=-10
ball3.v.y+=ball3.a*dt
ball3.pos.x+=ball3.v.x*dt
ball3.pos.y+=ball3.v.y*dt


    if (ball4.pos.x-Box.pos.x)<=0:
        if velocity2==0:
            velocity2=10*t
        ball4.v.x=velocity2
        ball4.a=-10
ball4.v.y+=ball4.a*dt
ball4.pos.x+=ball4.v.x*dt
ball4.pos.y+=ball4.v.y*dt
```

```
if (ball5.pos.x-Box.pos.x)<=0:
    if velocity3==0:
        velocity3=10*t
    ball5.v.x=velocity3
    ball5.a=-10
ball5.v.y+=ball5.a*dt
ball5.pos.x+=ball5.v.x*dt
ball5.pos.y+=ball5.v.y*dt


if (ball6.pos.x-Box.pos.x)<=0:
    if velocity4==0:
        velocity4=10*t
    ball6.v.x=velocity4
    ball6.a=-10
ball6.v.y+=ball6.a*dt
ball6.pos.x+=ball6.v.x*dt
ball6.pos.y+=ball6.v.y*dt


t+=dt
```

可视化呈现

程序执行结果如图4-16所示。

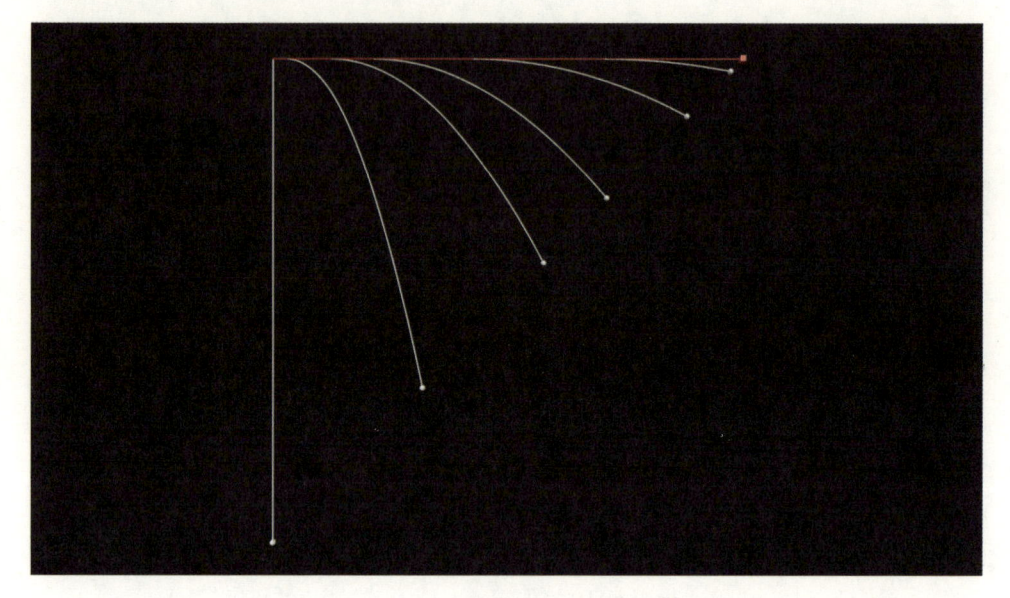

图4-16

扫一扫，看视频

机车启动问题

题目

机车的两种启动方式：以恒定的功率启动和以恒定的加速度启动。试分析恒定功率启动情况下的机车 $v-t$ 关系。

解析

由公式 $P=Fv$ 和 $F-f=ma$ 可知，由于 P 恒定，随着 v 的增大，F 必将减小，a 也将减小，机车做加速度不断减小的加速运动，直到 $F=f, a=0$，这时 v 达到最大值，

$$v_{\max}=\frac{P}{F}=\frac{P}{f}。$$

跟我一起敲代码

```
from vpython import *
m=1
P=1
f=1
mycan=canvas(width=1000,height=600,view=(1,1,0),center=vector(0,1,0))
```

```
car=box(pos=vector(-0.5,0.265,0),velocity=vector(0.1,0,0),size=vector(0.5,0.5,0.5),color=color.red)
floor=box(pos=vector(0,0,0),size=vector(10,0.03,1))
dt=0.01
t=0
i=1
cargraph=graph(width=1000,height=400,title="机车恒定功率启动v-t图像")
carg=gcurve(graph=cargraph,color=color.red)

while i<2000 and ((car.pos.x+0.25)<=(floor.pos.x+5)):
    rate(100)
    a_car=(P/car.velocity.x-f)/m
    car.velocity.x=car.velocity.x+a_car*dt
    car.pos.x=car.pos.x+car.velocity.x*dt
    t=t+dt
    i=i+1
    carg.plot(pos=(t,car.velocity.x))
    if (P/car.velocity.x)<=f:
        break
```

可视化呈现

程序执行结果如图4-17所示。

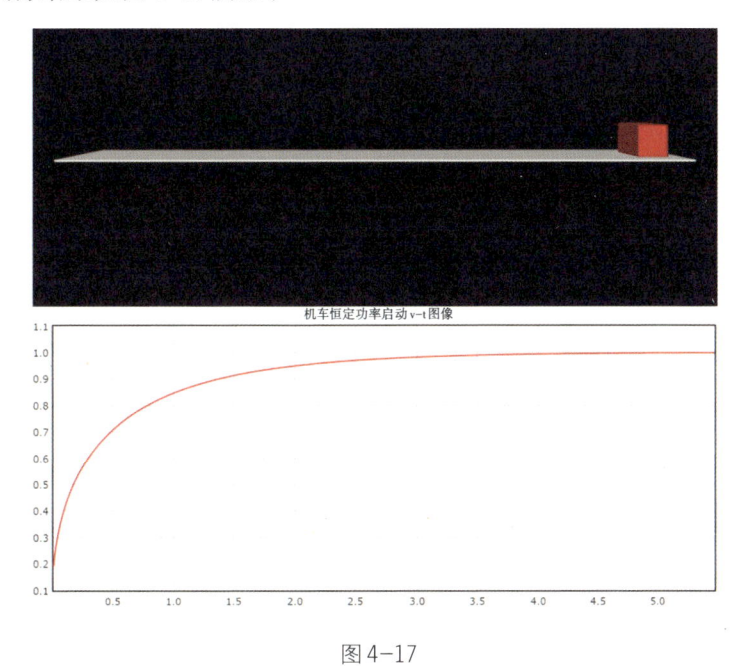

图4-17

扫一扫,看视频

9 三星问题(一)

题目

由三颗星体构成的系统,忽略其他星体对它们的作用,存在着一种运动形式:三颗星体在相互之间的万有引力作用下,分别位于等边三角形的三个顶点上,绕某一共同的圆心 O 在三角形所在的平面内做相同角速度的圆周运动(图4-18示为 A、B、C 三颗星体质量不相同时的一般情况)。若 A 星体质量为 $2m$,B、C 两星体的质量均为 m,三角形的边长为 a,求:

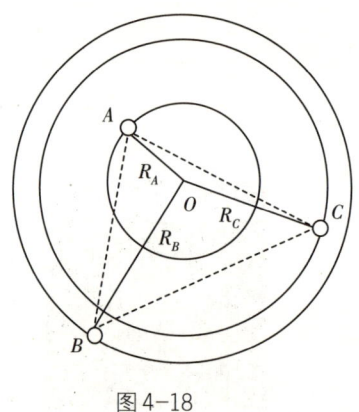

图4-18

(1) A 星体所受合力大小 F_A。

(2) B 星体所受合力大小 F_B。

(3) C 星体的轨道半径 R_C。

(4) 三星体做圆周运动的周期 T。

解析

（1）由万有引力定律，A星体所受B、C星体引力大小为

$$F_{BA} = G\frac{m_A m_B}{a^2} = G\frac{2m^2}{a^2} = F_{CA},$$

方向如图4-19所示，则合力大小为

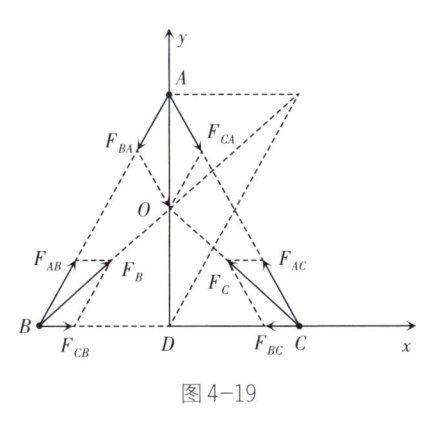

$$F_A = 2\sqrt{3}\, G\frac{m^2}{a^2}。$$

图4-19

（2）同上，B星体所受A、C星体引力大小分别为

$$F_{AB} = G\frac{m_A m_B}{a^2} = G\frac{2m^2}{a^2},$$

$$F_{CB} = G\frac{m_C m_B}{a^2} = G\frac{m^2}{a^2},$$

方向如图4-19所示，
由

$$F_{Bx} = F_{AB}\cos 60° + F_{CB} = 2G\frac{m^2}{a^2},$$

$$F_{By} = F_{AB}\sin 60° = \sqrt{3}\, G\frac{m^2}{a^2},$$

可得

$$F_B = \sqrt{F_{Bx}^2 + F_{By}^2} = \sqrt{7}\, G\frac{m^2}{a^2}。$$

（3）通过分析可知，圆心O在中垂线AD的中点，则

$$R_C = \sqrt{(\frac{\sqrt{3}}{4}a)^2 + (\frac{1}{2}a)^2},$$

可得

$$R_C = \frac{\sqrt{7}}{4}a_\circ$$

(4)三星体运动周期相同,对C星体,

由

$$F_C = F_B = \sqrt{7}\,G\frac{m^2}{a^2} = m\left(\frac{2\pi}{T}\right)^2 R_C,$$

可得

$$T = \pi\sqrt{\frac{a^3}{Gm}}_\circ$$

跟我一起敲代码

```
from vpython import *
import numpy as np
G=6.67
m1=1
m2=1
m3=2
l=4
w=2/sqrt(l*l*l/(G*1))
scene=canvas(width=800,height=800,range=2*l,background=vector(0,1,1))
ball1=sphere(pos=vector(-l/2,-sqrt(3)*l/4,0),radius=0.20,make_trail=True,color=color.red,velocity=vector(-sqrt(7)/4*l*w*sqrt(3/7),sqrt(7)/4*l*w*2/sqrt(7),0))
ball2=sphere(pos=vector(l/2,-sqrt(3)*l/4,0),radius=0.20,make_trail=True,color=color.green,velocity=vector(-sqrt(7)/4*l*w*sqrt(3/7),-sqrt(7)/4*l*w*2/sqrt(7),0))
ball3=sphere(pos=vector(0,sqrt(3)/4*l,0),radius=0.20,make_trail=True,color=color.blue,velocity=vector(sqrt(3)/4*l*w,0,0))
```

```
t=0
dt=0.001

while 1:
    rate(1000)
    F12=G*m1*m2/mag(ball2.pos-ball1.pos)**2
    F13=G*m1*m3/mag(ball3.pos-ball1.pos)**2
    F23=G*m2*m3/mag(ball3.pos-ball2.pos)**2

    a1=F12/m1*norm(ball2.pos-ball1.pos)+F13/m1*norm(ball3.pos-ball1.pos)
    a2=F12/m2*norm(ball1.pos-ball2.pos)+F23/m2*norm(ball3.pos-ball2.pos)
    a3=F13/m3*norm(ball1.pos-ball3.pos)+F23/m3*norm(ball2.pos-ball3.pos)

    ball1.velocity+=a1*dt
    ball2.velocity+=a2*dt
    ball3.velocity+=a3*dt

    ball1.pos+=ball1.velocity*dt
    ball2.pos+=ball2.velocity*dt
    ball3.pos+=ball3.velocity*dt
```

可视化呈现

程序执行结果如图4-20所示。

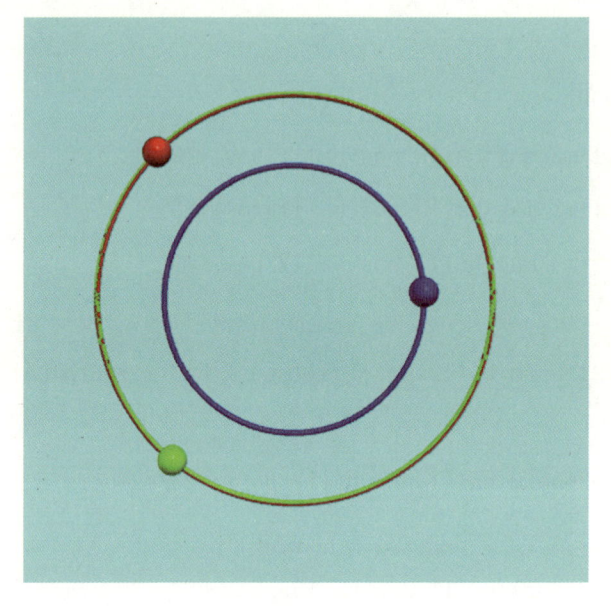

图4-20

扫一扫,看视频

10

三星问题（二）

题目

2020年3月27日，记者从中国科学院国家天文台获悉，经过近两年观测研究，天文学家通过俗称"天眼"的500米口径球面射电望远镜（FAST），发现一个脉冲双星系统，并通过脉冲计时观测，认定该双星系统由一颗脉冲星与一颗白矮星组成。如图4-21所示，假设在太空中有恒星A、B双星系统绕点O做顺时针匀速圆周运动，运动周期为T_1，它们的轨道半径分别为R_A、R_B，$R_A < R_B$；C为B的卫星，绕B做逆时针匀速圆周运动，周期为T_2；忽略A与C之间的引力，A与B之间的引力远大于C与B之间的引力。万有引力常量为G，则以下说法正确的是（　　）。

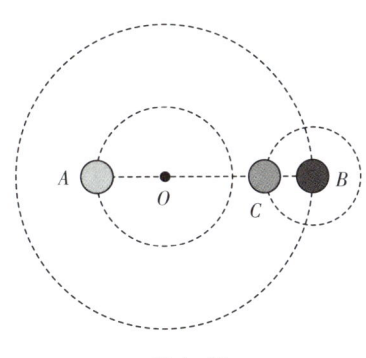

图4-21

A. 若知道C的轨道半径，则可求出C的质量

B. 恒星B的质量为$M_B = \dfrac{4\pi^2 R_A (R_A + R_B)^2}{GT_1^2}$

C. 若A也有一颗运动周期为T_2的卫星，则其轨道半径一定大于C的轨道半径

D. 设A、B、C三星由图4-21所示位置到再次共线的时间为t，则$t = \dfrac{T_1 T_2}{T_1 + T_2}$

解析

A. C 绕 B 做匀速圆周运动，满足

$$G\frac{M_B m_C}{R_C^2} = m_C \left(\frac{2\pi}{T_2}\right)^2 R_C,$$

知道 C 的轨道半径，无法求出 C 的质量，故 A 错误。

B. 因为 A、B 为双星系统，所以相互之间的引力提供运动所需的向心力，即

$$G\frac{M_A M_B}{(R_A + R_B)^2} = M_A \left(\frac{2\pi}{T_1}\right)^2 R_A,$$

可得

$$M_B = \frac{4\pi^2 R_A (R_A + R_B)^2}{G T_1^2},$$

故 B 正确。

C. 因为 A、B 为双星系统，满足

$$M_A \left(\frac{2\pi}{T_1}\right)^2 R_A = M_B \left(\frac{2\pi}{T_1}\right)^2 R_B,$$

又因为 $R_A < R_B$，所以 $M_A > M_B$，设 A 的卫星的质量为 m，根据

$$G\frac{Mm}{R^2} = m\left(\frac{2\pi}{T}\right)^2 R,$$

可知，A 的卫星轨道半径大于 C 的轨道半径，故 C 正确。

D. 由题可知，A、B、C 三星由图 4-21 所示位置到再次共线所用的时间为

$$t = \frac{T_2}{2},$$

故 D 错误。

故选 B、C。

跟我一起敲代码

```
from vpython import *
G=6.67
m1=10
m2=3
m3=0.5
```

```python
l=10
scene=canvas(width=800,height=800,range=1.5*l,background=vector(0,1,1))
def F(x):
    return G*m1*m2/(x**2)
def f(x):
    return G*m3*m2/(x**2)


ball_m1=sphere(pos=vector(-m2*l/(m1+m2),0,0),radius=0.5,color=color.red,make_trail=True,velocity=vector(0,m2*sqrt(G/(l*(m1+m2))),0))
ball_m2=sphere(pos=vector(m1*l/(m1+m2),0,0),radius=0.1,color=color.blue,make_trail=True,velocity=vector(0,-m1*sqrt(G/(l*(m1+m2))),0))
ball_m3=sphere(pos=9/10*vector(m1*l/(m1+m2),0,0),radius=0.1,color=color.orange,make_trail=True,velocity=vector(0,-sqrt(G*m2/(1/5*m1*l/(m1+m2))),0))

t=0
dt=0.0001

while 1:
    rate(2000)
    distance=mag(ball_m2.pos-ball_m1.pos)
    a1=F(distance)/m1*norm(ball_m2.pos-ball_m1.pos)
    a2=F(distance)/m2*norm(ball_m1.pos-ball_m2.pos)
    r=mag(ball_m2.pos-ball_m3.pos)
    a3=f(r)/m3*norm(ball_m2.pos-ball_m3.pos)
    ball_m1.velocity=ball_m1.velocity+a1*dt
    ball_m2.velocity=ball_m2.velocity+a2*dt
    ball_m3.velocity=ball_m3.velocity+a3*dt
    ball_m1.pos=ball_m1.pos+ball_m1.velocity*dt
    ball_m2.pos=ball_m2.pos+ball_m2.velocity*dt
```

ball_m3.pos=ball_m3.pos+ball_m3.velocity*dt

可视化呈现

程序执行结果如图4-22所示。

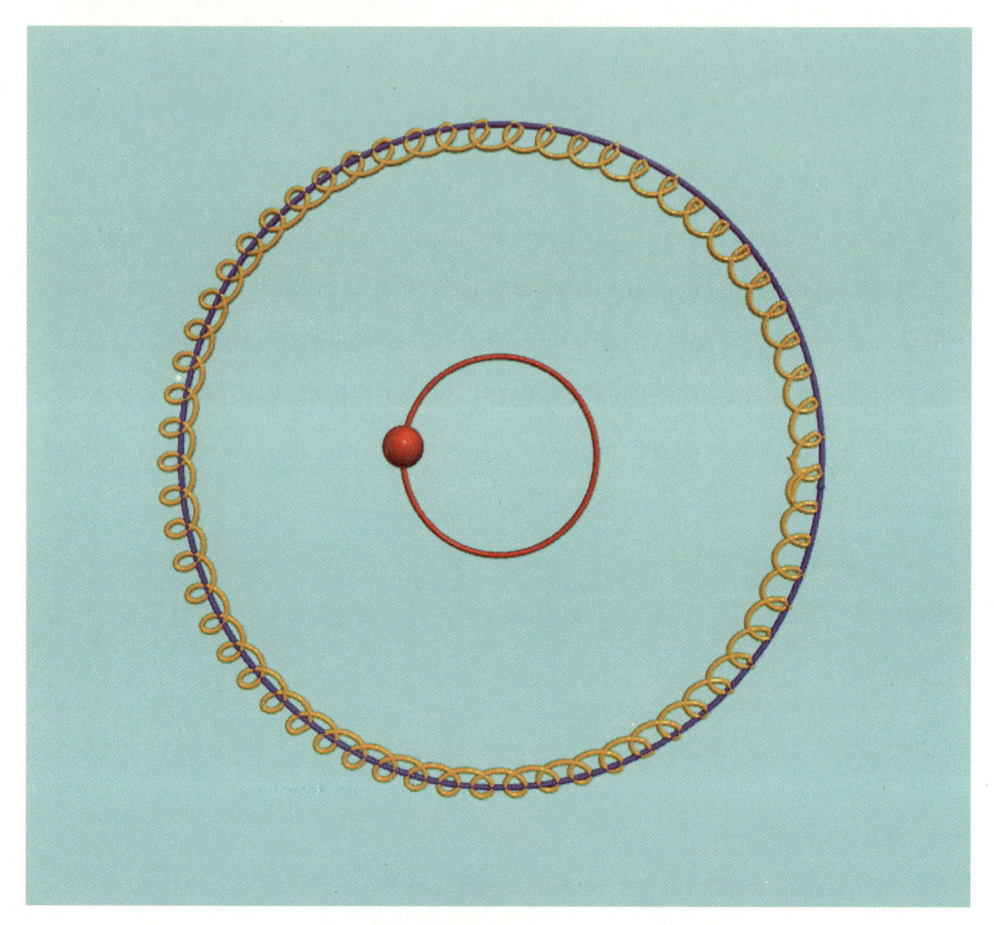

图4-22

扫一扫，看视频

11 卫星发射问题

题目

从地面发射一个物体,使之能环绕地球做圆周运动所必须具有的最小发射速度,称为第一宇宙速度;从地面发射一个物体,使之能脱离地球引力范围所必须具有的最小发射速度,称为第二宇宙速度。请推导这两个宇宙速度的值为多少。如果从地面发射该物体的速度小于第一宇宙速度会发生什么现象?

解析

由

$$\frac{GMm}{r^2} = m\frac{v^2}{r},$$

得

$$v = \sqrt{\frac{GM}{r}},$$

由于卫星在地球表面附近运动,轨道半径 $r = R$,利用黄金替换式

$$GM = gR^2,$$

可得

$$v = \sqrt{\frac{GM}{r}} = \sqrt{gR},$$

求得第一宇宙速度。

设卫星发射后恰好能运动到无穷远处,由机械能守恒可得

$$\frac{1}{2}mv_2^2 - \frac{GMm}{R} = 0,$$

可得

$$v_2 = \sqrt{\frac{2GM}{R}},$$

求得第二宇宙速度。

设卫星的发射速度小于第一宇宙速度,则运动情况相当于平抛运动,最终会落在地球表面。

跟我一起敲代码

```python
from vpython import *
ball=sphere(pos=vec(0,0,0),radius=1)

G=1
m=1
M=10
dt=0.001
v1=sqrt(G*M/1.1)
v2=1.1*sqrt(G*M/1.1)
v3=sqrt(2*G*M/1.1)
v4=0.8*sqrt(G*M/1.1)
i=0
ball1=sphere(pos=vec(0,1.1,0),radius=0.03,v=vec(v1,0,0),make_trail=True,color=color.white)
ball2=sphere(pos=vec(0,1.1,0),radius=0.03,v=vec(v2,0,0),make_trail=True,color=color.red)
ball3=sphere(pos=vec(0,1.1,0),radius=0.03,v=vec(v3,0,0),make_trail=True,color=color.orange)
ball4=sphere(pos=vec(0,1.1,0),radius=0.03,v=vec(v4,0,0),make_trail=True,color=color.purple)
a_fangxiang=-ball1.pos.norm()
```

```
while i<3500:
    rate(500)
    a_fangxiang1=-ball1.pos.norm()
    a_daxiao1=G*M/(mag(ball1.pos))**2
    a1=a_daxiao1*a_fangxiang1

    a_fangxiang2=-ball2.pos.norm()
    a_daxiao2=G*M/(mag(ball2.pos))**2
    a2=a_daxiao2*a_fangxiang2

    a_fangxiang3=-ball3.pos.norm()
    a_daxiao3=G*M/(mag(ball3.pos))**2
    a3=a_daxiao3*a_fangxiang

    a_fangxiang4=-ball4.pos.norm()
    a_daxiao4=G*M/(mag(ball4.pos))**2
    a4=a_daxiao4*a_fangxiang4

    ball1.v=ball1.v+a1*dt
    ball1.pos=ball1.pos+ball1.v*dt

    ball2.v=ball2.v+a2*dt
    ball2.pos=ball2.pos+ball2.v*dt

    ball3.v=ball3.v+a3*dt
    ball3.pos=ball3.pos+ball3.v*dt

    ball4.v=ball4.v+a4*dt
    ball4.pos=ball4.pos+ball4.v*dt
    if mag(ball4.pos)<=1:
```

ball4.v=vec(0,0,0)

　　ball4.a=vec(0,0,0)

　i=i+1

可视化呈现

程序执行结果如图4-23所示。

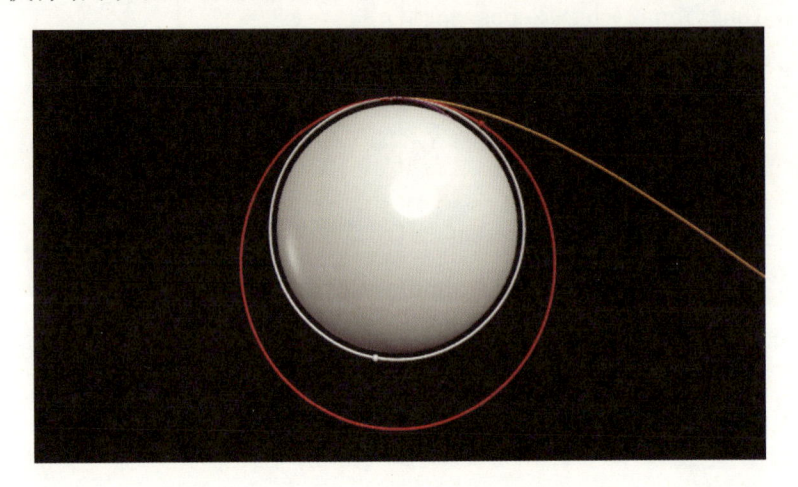

图4-23

扫一扫,看视频

12 小球砸弹簧问题

题目

如图4-24所示,一根轻弹簧下端固定,竖立在水平面上。其正上方A位置有一个小球。小球从静止开始下落,在B位置接触弹簧的上端,在C位置小球所受弹力大小等于重力,在D位置小球速度减小到零。关于小球下降阶段,下列说法中正确的是(　　)。

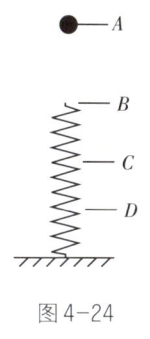

图4-24

A. 在B位置小球动能最大

B. 在C位置弹簧弹性势能最大

C. 从A→D位置小球重力势能的减少量等于弹簧弹性势能的增加量

D. 从A→C位置小球重力势能的减少量等于小球动能的增加量

解析

小球从 B 至 C 过程，重力大于弹力，合力向下，小球加速；C 到 D，重力小于弹力，合力向上，小球减速，质量不变，故在 C 点速度最大，动能最大；在 D 点时，弹簧被压缩到最短，弹性形变最大，所以弹性势能最大，故 A、B 错误。

小球下降过程中，重力和弹簧弹力做功，只有动能和势能相互转化，小球和弹簧系统机械能守恒，从 $A \to D$ 位置，动能变化量为零，小球重力势能的减少量等于弹簧弹性势能的增加量，故 C 正确。

小球下降过程中，重力和弹簧弹力做功，只有动能和势能相互转化，小球和弹簧系统机械能守恒，从 $A \to C$ 位置，小球重力势能的减少量等于动能增加量与弹性势能增加量之和，故 D 错误。

故选 C。

跟我一起敲代码

```
from vpython import *
m=0.7
k=40
g=vector(0,-9.8,0)
dt=0.001
t=0
scene=canvas(width=600,height=400)
ball=sphere(pos=vector(0,1,0),color=color.red,radius=0.1,velocity=vector(0,0,0))
floor=box(pos=vector(0,-1,0),size=vector(1,0.01,1),texture=textures.wood)
```

```
spring=helix(pos=vector(0,-0.995,0),radius=0.1,coils=15,thickness=
0.03,axis=vector(0,1,0))
balance=vector(0,0,0)
figure1=graph(title="球撞击弹簧v-t",width=600,height=200)
figure2=graph(title="球撞击弹簧a-t",width=600,height=200)
vtfigure=gcurve(graph=figure1)
atfigure=gcurve(graph=figure2)


while 1:
    rate(500)
    if ball.pos.y-ball.radius>=0:
        ball.velocity=ball.velocity+g*dt
        ball.pos=ball.pos+ball.velocity*dt
        a=g


    if ball.pos.y-ball.radius<0:
        spring.axis.y=ball.pos.y-ball.radius-spring.pos.y
        a=k*(balance-(ball.pos-vector(0,ball.radius,0)))/m+g
        ball.velocity=ball.velocity+a*dt
        ball.pos=ball.pos+ball.velocity*dt
    vtfigure.plot(t,ball.velocity.y)
    atfigure.plot(t,a.y)
    t=t+dt
```

可视化呈现

程序执行结果如图4-25所示。

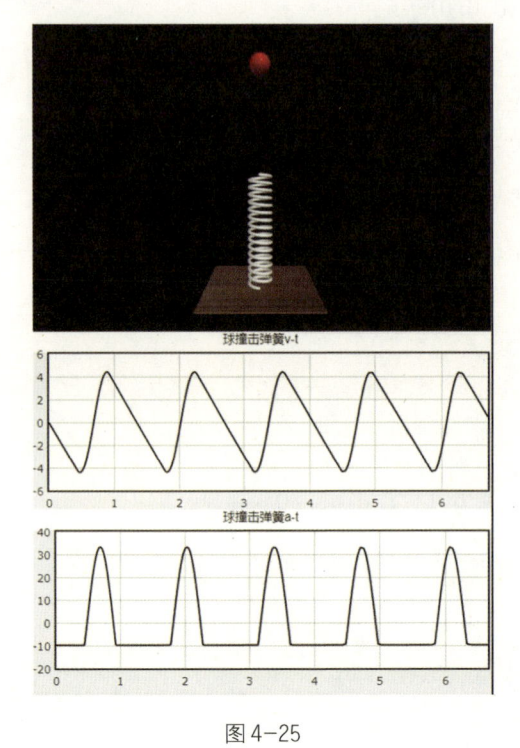

图 4-25

扫一扫,看视频

13 双振子问题

题目

如图4-26所示，振子A、B和轻弹簧连接静止在光滑水平面上，振子A、B质量分别为m_1、m_2，C表示系统的质心位置，现给A一个水平向右、大小为v_0的初速度，试分析振子A、B的运动情况。

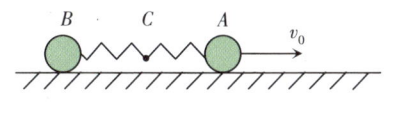

图4-26

解析

A、B和弹簧组成的系统动量和能量守恒，即

$$m_1 v_0 = (m_1 + m_2)v_C,$$

质心C做匀速直线运动的速度

$$v_C = \frac{m_1 v_0}{m_1 + m_2}。$$

A、B相对质心做简谐振动，振动的频率和周期均不变，其中

$$\omega = \sqrt{\frac{m_1 + m_2}{m_1 m_2}k},$$

$$T = 2\pi \sqrt{\frac{m_1 m_2}{(m_1 + m_2)k}}。$$

以质心 C 为坐标原点 O'，v_0 的方向为正方向，建立质心坐标系，在任意时刻，A 相对质心 C 的速度

$$v_{A相} = v_0 - v_C = \frac{m_2 v_0}{m_1 + m_2},$$

A 在质心坐标系 $O'x'$ 中相对平衡位置的距离

$$x_{A相} = 0。$$

由单振子振动方程

$$x = A\cos(\omega t + \varphi_0),$$

$$v = -A\omega\sin(\omega t + \varphi_0),$$

结合初始条件可以得到 A 相对质心 C 的振动方程为

$$x_{A相} = \frac{m_2 v_0}{(m_1 + m_2)\omega}\sin\omega t,$$

$$v_{A相} = \frac{m_2 v_0}{m_1 + m_2}\cos\omega t,$$

A 相对质心 C 的位置为

$$x'_A = \frac{m_2 l_0}{m_1 + m_2} + \frac{m_2 v_0}{(m_1 + m_2)\omega}\sin\omega t。$$

如果以 $t = 0$ 时刻 B 所在位置为坐标原点，则在任意时刻 A 的坐标

$$x_A = x'_A + \frac{m_1 l_0}{m_1 + m_2} + v_C t,$$

即

$$x_A = l_0 + \frac{m_1 v_0 t}{m_1 + m_2} + \frac{m_2 v_0}{(m_1 + m_2)\omega}\sin\omega t。$$

A 相对地面坐标系的速度

$$v_A = \frac{m_1 v_0}{m_1 + m_2} + \frac{m_2 v_0}{m_1 + m_2}\cos\omega t。$$

在 $t = 0$ 时刻，B 相对质心 C 振动的初始条件为

$$v_{B相} = -\frac{m_1 v_0}{m_1 + m_2},$$

$$x_{B相} = 0,$$

则 B 相对质心 C 的振动方程为

$$x_{B相} = -\frac{m_1 v_0}{(m_1+m_2)\omega}\sin\omega t,$$

$$v_{B相} = -\frac{m_1 v_0}{m_1+m_2}\cos\omega t。$$

同理可得 B 在任意时刻 t 相对质心坐标系 $O'x'$ 的位置

$$x'_B = -\frac{m_1 l_0}{m_1+m_2} - \frac{m_1 v_0}{(m_1+m_2)\omega}\sin\omega t,$$

B 相对地面参考系 Ox 的位置为

$$x_B = x'_B + \frac{m_1 l_0}{m_1+m_2} + v_C t,$$

即

$$x_B = \frac{m_1 v_0}{m_1+m_2}t - \frac{m_1 v_0}{(m_1+m_2)\omega}\sin\omega t,$$

B 相对地面参考系的速度

$$v_B = \frac{m_1 v_0}{m_1+m_2} - \frac{m_1 v_0}{m_1+m_2}\cos\omega t。$$

为了简化问题,可以作出 $m_1 = m_2$ 时 A、B 相对于地面的 $v\text{-}t$ 图像。

跟我一起敲代码

```
from vpython import *
scene=canvas(center=vector(0,0.5,0),width=800,height=400)
floor=box(size=vector(10,0.1,3),pos=vector(0,0,0))
ball1=sphere(radius=0.2,color=color.red,pos=vector(-4,0.25,0),m=1,v=vector(0,0,0))
ball2=sphere(radius=0.2,color=color.green,pos=vector(-2,0.25,0),m=1,v=vector(1,0,0))
spring=helix(pos=ball1.pos,axis=ball2.pos-ball1.pos,radius=0.05,thickness=0.05,coils=10)
```

```
dt=0.001
t=0
l0=2
k=1
figure=graph(title="双振子问题",xtitle="t/s",ytitle="v/(m/s)",width=800,height=300)
vt1figure=gcurve(graph=figure,color=color.red)
vt2figure=gcurve(graph=figure,color=color.green)

while ball2.pos.x<=5:
    rate(1000)
    spring.pos=ball1.pos
    spring.axis=ball2.pos-ball1.pos
    F=k*(spring.axis.x-l0)*spring.axis.norm()
    ball1.a=F/ball1.m
    ball2.a=-F/ball2.m
    ball1.v=ball1.v+ball1.a*dt
    ball1.pos=ball1.pos+ball1.v*dt
    
    ball2.v=ball2.v+ball2.a*dt
    ball2.pos=ball2.pos+ball2.v*dt
    
    vt1figure.plot(t,ball1.v.x)
    vt2figure.plot(t,ball2.v.x)
    t=t+dt
```

可视化呈现

程序执行结果如图4-27所示。

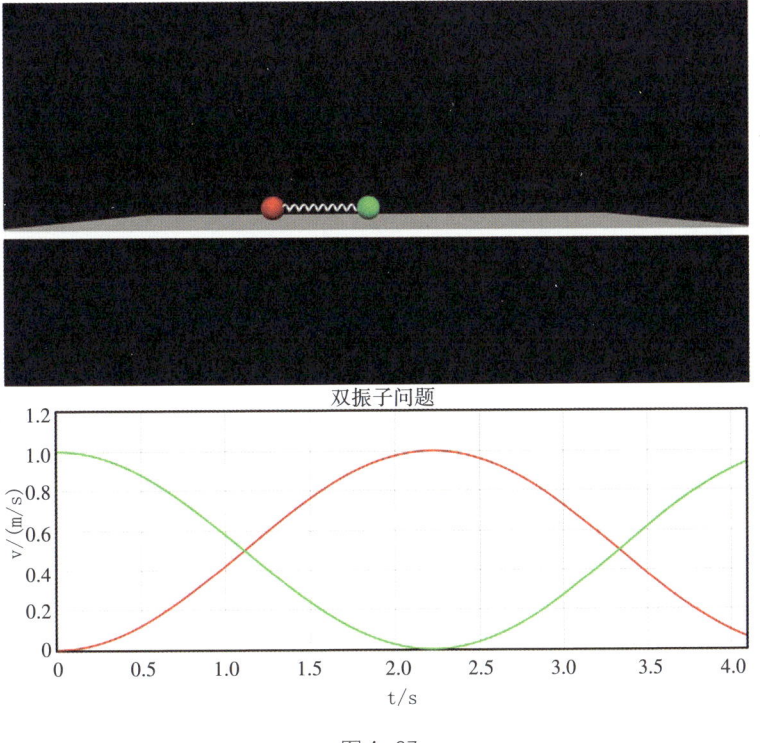

图4-27

扫一扫，看视频

14 三物块碰撞问题

题目

如图4-28所示，在足够长的光滑水平面上，物体A、B、C位于同一直线上，A位于B、C之间。A的质量为m，B、C的质量都为M，三者均处于静止状态。现使A以某一速度向右运动，求m和M之间应满足什么条件，才能使A只与B、C各发生一次碰撞。设物体间的碰撞都是弹性的。

图4-28

解析

A向右运动与C发生碰撞的过程中系统的动量守恒、机械能守恒，选取向右为正方向，设开始时A的速度为v_0，第一次与C碰撞后C的速度为v_{C_1}，A的速度为v_{A_1}，由动量守恒定律和机械能守恒定律，可得

$$mv_0 = mv_{A_1} + Mv_{C_1},$$

$$\frac{1}{2}mv_0^2 = \frac{1}{2}mv_{A_1}^2 + \frac{1}{2}Mv_{C_1}^2,$$

联立可得

$$v_{A_1} = \frac{m-M}{m+M}v_0,$$

$$v_{C_1} = \frac{2m}{m+M}v_0,$$

可知，只有$m < M$时，A才可能与B发生碰撞。

A 与 B 碰撞后 B 的速度为 v_{B_1}，A 的速度为 v_{A_2}，由动量守恒定律和机械能守恒定律，同理可得

$$v_{A_2} = \frac{m-M}{m+M} v_{A_1}$$

$$= (\frac{m-M}{m+M})^2 v_0,$$

根据题意，要求 A 只与 B、C 各发生一次碰撞，应有

$$v_{A_2} \leqslant v_{C_1},$$

联立上式可得

$$m^2 + 4mM - M^2 \geqslant 0,$$

解得

$$m \geqslant (\sqrt{5} - 2)M,$$

或

$$m \leqslant -(\sqrt{5} + 2)M(舍去),$$

所以，m 和 M 之间应满足 $M > m \geqslant (\sqrt{5} - 2)M$，才能使 A 只与 B、C 各发生一次碰撞。

跟我一起敲代码

```
from vpython import *
scene=canvas(width=1000,height=200,range=15)
va=10
vb=0
vc=0
m1=1
m2=100
for i in range(-50,60,10):
    box(pos=vec(i,0.1,0),size=vec(0.2,1,0.1))
A=box(pos=vec(0,0,0),size=vec(1,1,1),velocity=vec(0,0,0))
B=box(pos=vec(-10,0,0),size=vec(1,1,1),velocity=vec(0,0,0),color=color.red)
```

```
C=box(pos=vec(10,0,0),size=vec(1,1,1),velocity=vec(0,0,0),color=
color.orange)
box(pos=vec(0,-0.5,0),size=vec(100,0.1,1))
dt=0.001

while 1:
    rate(2000)
    c=0
    A.pos.x+=va*dt
    B.pos.x+=vb*dt
    C.pos.x+=vc*dt
    if A.pos.x>=(C.pos.x-1):
        A.velocity.x=(2*m2*vc+(m1-m2)*va)/(m1+m2)
        C.velocity.x=(2*m1*va-(m1-m2)*vc)/(m1+m2)
        va=A.velocity.x
        vc=C.velocity.x
        c=1

    if(c==1):
        A.pos.x+=va*dt
        C.pos.x+=vc*dt

    if A.pos.x<=(B.pos.x+1):
        A.velocity.x=(2*m2*vb+(m1-m2)*va)/(m1+m2)
        B.velocity.x=(2*m1*va-(m1-m2)*vb)/(m1+m2)
        va=A.velocity.x
        vb=B.velocity.x
        print(va,vb)
        c=2
```

if(c==2):

    A. pos.x+=va*dt

    B. pos.x+=vb*dt

可视化呈现

程序执行结果如图4-29所示。

图4-29

扫一扫，看视频

15

n 个小球碰撞问题

题目

如图 4-30 所示,假设在光滑水平面一条直线上依次放 n 个质量均为 155 g 的静止的弹性红球(相邻两个红球之间有微小的间隙),另有一颗质量为 175 g 的弹性白球以初速度 v_0 与 n 号红球发生弹性正碰,则 k 号红球最终的速度大小为(已知 $1 < k < n$)( )。

图 4-30

A. $\dfrac{35}{33}v_0$ B. $\dfrac{35 \times 2^{k-1}}{33^k}v_0$ C. 0   D. $\dfrac{35 \times 2^k}{33^k}v_0$

解析

白球的质量 $m_{白} = 175 \text{ g} = 0.175 \text{ kg}$,红球的质量 $m_{红} = 155 \text{ g} = 0.155 \text{ kg}$。

白球以速度 v_0 与第 n 号红球发生弹性碰撞,碰撞过程系统动量守恒、机械能守恒,设碰后白球速度为 v_1,第 n 号红球速度为 v_{n_0},以向右为正方向,根据动量守恒定律得

$$0.175v_0 = 0.175v_1 + 0.155v_{n_0},$$

根据机械能守恒定律得

$$\frac{1}{2} \times 0.175v_0^2 = \frac{1}{2} \times 0.175v_1^2 + \frac{1}{2} \times 0.155v_{n_0}^2,$$

解得

$$v_1 = \frac{2}{33}v_0,$$

$$v_{n_0} = \frac{35}{33}v_0,$$

紧接着第 n 号红球与第 $n-1$ 号红球发生弹性碰撞，由于两球质量相等，两球发生弹性碰撞，由动量守恒定律与机械能守恒定律可知，碰撞后两球交换速度，第 $n-1$ 号红球与第 $n-2$ 号红球发生弹性碰撞……第 2 号球与第 1 号球碰撞，碰撞后 2 号红球静止，1 号红球以速度 $\frac{35}{33}v_0$ 向右运动；第 n 号红球与第 $n-1$ 号红球碰撞后速度变为 0，相当于停在第 $n-1$ 号红球的位置，之后白球以速度 v_1 与静止的第 n 号红球发生第二次弹性碰撞，碰撞过程系统动量守恒、机械能守恒，以向右为正方向，由动量守恒定律得

$$0.175v_1 = 0.175v_2 + 0.155v_{n_1},$$

根据机械能守恒定律得

$$\frac{1}{2} \times 0.175v_1^2 = \frac{1}{2} \times 0.175v_2^2 + \frac{1}{2} \times 0.155v_{n_1}^2,$$

解得

$$v_2 = (\frac{2}{33})^2 v_0,$$

$$v_{n_1} = \frac{35}{33} \times \frac{2}{33} v_0,$$

则 1 号红球的速度是 $\frac{35}{33}v_0$，2 号红球的速度是 $\frac{35}{33} \times \frac{2}{33}v_0$，……

最终第 k 号球的速度为

$$v_k = \frac{35}{33} \times (\frac{2}{33})^{k-1} v_0 = \frac{35 \times 2^{k-1}}{33^k} v_0。$$

故选 B。

跟我一起敲代码

```
from vpython import *
canvas(width=1000,hight=600)
whiteball=sphere(pos=vec(-20,0,0),radius=0.4,color=color.white,v=vec(1,0,0))
redball1=sphere(pos=vec(-10,0,0),radius=0.4,color=color.red,v=vec(0,0,0))
redball2=sphere(pos=vec(-9,0,0),radius=0.4,color=color.red,v=vec
```

(0,0,0))

redball3=sphere(pos=vec(-8,0,0),radius=0.4,color=color.red,v=vec(0,0,0))

redball4=sphere(pos=vec(-7,0,0),radius=0.4,color=color.red,v=vec(0,0,0))

redball5=sphere(pos=vec(-6,0,0),radius=0.4,color=color.red,v=vec(0,0,0))

redball6=sphere(pos=vec(-5,0,0),radius=0.4,color=color.red,v=vec(0,0,0))

m_white=0.175

m_red=0.155

dt=0.01

t=0

figure=graph(width=1000,hight=600)

vtfigure=gcurve(graph=figure,color=color.orange)

vtfigure1=gcurve(graph=figure,color=color.orange)

vtfigure2=gcurve(graph=figure,color=color.orange)

vtfigure3=gcurve(graph=figure,color=color.orange)

vtfigure4=gcurve(graph=figure,color=color.orange)

vtfigure5=gcurve(graph=figure,color=color.orange)

vtfigure6=gcurve(graph=figure,color=color.orange)

def qian(m1,m2,v1):

    return (m1-m2)*v1/(m1+m2)

def hou(m1,m2,v1):

    return 2*m1*v1/(m1+m2)

while True:

    rate(1000)

    if redball1.pos.x-whiteball.pos.x<=0.8:

```
redball1.v.x=hou(m_white,m_red,whiteball.v.x)
whiteball.v.x=qian(m_white,m_red,whiteball.v.x)

if redball2.pos.x-redball1.pos.x<=0.8:
    redball2.v.x=hou(m_red,m_red,redball1.v.x)
    redball1.v.x=qian(m_red,m_red,redball1.v.x)

if redball3.pos.x-redball2.pos.x<=0.8:
    redball3.v.x=hou(m_red,m_red,redball2.v.x)
    redball2.v.x=qian(m_red,m_red,redball2.v.x)

if redball4.pos.x-redball3.pos.x<=0.8:
    redball4.v.x=hou(m_red,m_red,redball3.v.x)
    redball3.v.x=qian(m_red,m_red,redball3.v.x)

if redball5.pos.x-redball4.pos.x<=0.8:
    redball5.v.x=hou(m_red,m_red,redball4.v.x)
    redball4.v.x=qian(m_red,m_red,redball4.v.x)

if redball6.pos.x-redball5.pos.x<=0.8:
    redball6.v.x=hou(m_red,m_red,redball5.v.x)
    redball5.v.x=qian(m_red,m_red,redball5.v.x)

whiteball.pos+=whiteball.v*dt
redball1.pos+=redball1.v*dt
redball2.pos+=redball2.v*dt
redball3.pos+=redball3.v*dt
redball4.pos+=redball4.v*dt
redball5.pos+=redball5.v*dt
redball6.pos+=redball6.v*dt
```

可视化呈现

程序执行结果如图4-31所示。

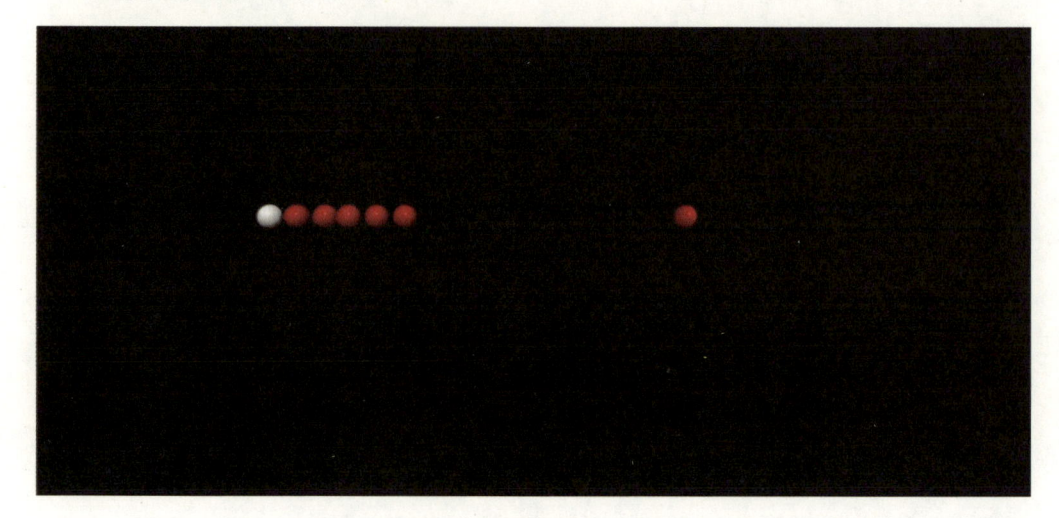

图4-31

扫一扫,看视频

16 球与圆盘碰撞问题

题目

如图4-32所示,一竖直固定的长直圆管内有一质量为M的静止薄圆盘,圆盘与管的上端口距离为l,圆管长度为$20l$。一质量为$m = \dfrac{1}{3}M$的小球从管的上端口由静止下落,并撞在圆盘中心,圆盘向下滑动,所受滑动摩擦力与其所受重力大小相等。小球在管内运动时与管壁不接触,圆盘始终水平,小球与圆盘发生的碰撞均为弹性碰撞且碰撞时间极短,不计空气阻力,重力加速度大小为g。求:

(1)第一次碰撞后瞬间小球和圆盘的速度大小。

(2)在第一次碰撞到第二次碰撞之间,小球与圆盘间的最远距离。

(3)圆盘在管内运动过程中,小球与圆盘碰撞的次数。

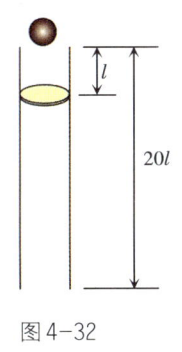

图4-32

解析

(1)过程1:小球释放后自由下落,下落l,根据机械能守恒定律

$$mgl = \frac{1}{2}mv_0^2,$$

解得
$$v_0 = \sqrt{2gl}。$$

过程 2：小球以 $v_0 = \sqrt{2gl}$ 与静止圆盘发生弹性碰撞，根据机械能守恒定律和动量守恒定律分别有

$$\frac{1}{2}mv_0^2 = \frac{1}{2}mv_1^2 + \frac{1}{2}Mv_1'^2,$$

$$mv_0 = mv_1 + Mv_1',$$

解得

$$v_1 = \frac{m-M}{m+M}v_0 = -\frac{\sqrt{2gl}}{2},$$

$$v_1' = \frac{2m}{m+M}v_0 = \frac{\sqrt{2gl}}{2},$$

即小球碰撞后速度大小为 $\frac{\sqrt{2gl}}{2}$，方向竖直向上，圆盘碰撞后速度大小为 $\frac{\sqrt{2gl}}{2}$，方向竖直向下。

(2) 第一次碰撞后，小球做竖直上抛运动，圆盘摩擦力与重力平衡，匀速下滑，所以只要圆盘下降速度比小球快，二者间距就不断增大，当二者速度相同时，间距最大，即

$$v_1 + gt = v_1',$$

解得

$$t = \frac{v_1' - v_1}{g} = \frac{v_0}{g},$$

根据运动学公式得最大距离为

$$d_{max} = x_{盘} - x_{球} = v_1't - (v_1t - \frac{1}{2}gt^2) = \frac{v_0^2}{2g} = l。$$

(3) 第一次碰撞后到第二次碰撞前，两者位移相等，则有

$$x_{盘_1} = x_{球_1},$$

即

$$v_1t_1 + \frac{1}{2}gt_1^2 = v_1't_1,$$

解得

$$t_1 = \frac{2v_0}{g},$$

此时小球的速度

$$v_2 = v_1 + gt_1 = \frac{3}{2}v_0,$$

圆盘的速度仍为v'_1,在这段时间内,圆盘向下移动

$$x_{盘_1} = v'_1 t_1 = \frac{v_0^2}{g} = 2l,$$

之后二者第二次发生弹性碰撞,根据动量守恒定律有

$$mv_2 + Mv'_1 = mv'_2 + Mv''_2,$$

根据机械能守恒定律有

$$\frac{1}{2}mv_2^2 + \frac{1}{2}Mv'^2_1 = \frac{1}{2}mv'^2_2 + \frac{1}{2}Mv''^2_2,$$

联立解得

$$v'_2 = 0,$$
$$v''_2 = v_0。$$

同理,当位移相等时

$$x_{盘_2} = x_{球_2},$$

即

$$v''_2 t_2 = \frac{1}{2}gt_2^2,$$

解得

$$t_2 = \frac{2v_0}{g},$$

在这段时间内,圆盘向下移动

$$x_{盘_2} = v''_2 t_2 = \frac{2v_0^2}{g} = 4l,$$

此时圆盘距下端管口$13l$,之后二者第三次发生弹性碰撞,小球碰撞前的速度

$$v_3 = gt_2 = 2v_0,$$

根据动量守恒定律有

$$mv_3 + Mv''_2 = mv'_3 + Mv'''_3,$$

根据机械能守恒定律有

$$\frac{1}{2}mv_3^2 + \frac{1}{2}Mv''^2_2 = \frac{1}{2}mv'^2_3 + \frac{1}{2}Mv''^2_3,$$

得碰撞后小球速度为

$$v'_3 = \frac{v_0}{2},$$

圆盘速度为

$$v''_3 = \frac{3v_0}{2},$$

当二者即将第四次碰撞时

$$x_{盘3} = x_{球3},$$

即

$$v''_3 t_3 = v'_3 t_3 + \frac{1}{2}gt_3^2,$$

解得

$$t_3 = \frac{2v_0}{g} = t_1 = t_2,$$

在这段时间内,圆盘向下移动

$$x_{盘3} = v''_3 t_3 = \frac{3v_0^2}{g} = 6l,$$

此时圆盘距离下端管口长度为

$$20l - 1l - 2l - 4l - 6l = 7l,$$

此时可得出圆盘每次碰撞后到下一次碰撞前,下降距离逐次增加 $2l$,故若发生下一次碰撞,圆盘将向下移动

$$x_{盘4} = 8l,$$

小球与圆盘第四次碰撞后落出管口外,因而圆盘在管内运动的过程中,小球与圆盘的碰撞次数为4。

跟我一起敲代码

```
from vpython import *
scene=canvas(width=1000,height=400)
M=10
m=M/3
```

```python
l=1
ball=sphere(pos=vec(0,10*l,0),radius=0.15,color=color.red,v=vec(0,0,0),a=vec(0,-10,0))
leftwall=box(pos=vec(-1,0,0),size=vec(0.1,20*l,1))
rightwall=box(pos=vec(1,0,0),size=vec(0.1,20*l,1))
floor=box(pos=vec(0,9*l,0),size=vec(2*l,0.1*l,1),color=color.orange,v=vec(0,0,0),a=vec(0,0,0))
dt=0.001
t=0
i=0

figure=graph(width=1000,height=300,xtitle="t/s",ytitle="v/(m/s)")
figure1=gcurve(graph=figure,color=color.red)
figure2=gcurve(graph=figure,color=color.orange)

while True:
    rate(500)
    if (ball.pos.y-floor.pos.y)<=0:
        floory=(2*m*ball.v.y-(m-M)*floor.v.y)/(m+M)
        bally=((m-M)*ball.v.y+2*M*floor.v.y)/(m+M)
        floor.v.y=floory
        ball.v.y=bally
        i=i+1
    ball.v+=ball.a*dt
    floor.v+=floor.a*dt
    ball.pos+=ball.v*dt
    floor.pos+=floor.v*dt
    if i==5:
        break
    figure1.plot(t,-ball.v.y)
```

```
figure2.plot(t,-floor.v.y)
t=t+dt
```

可视化呈现

程序执行结果如图4-33所示。

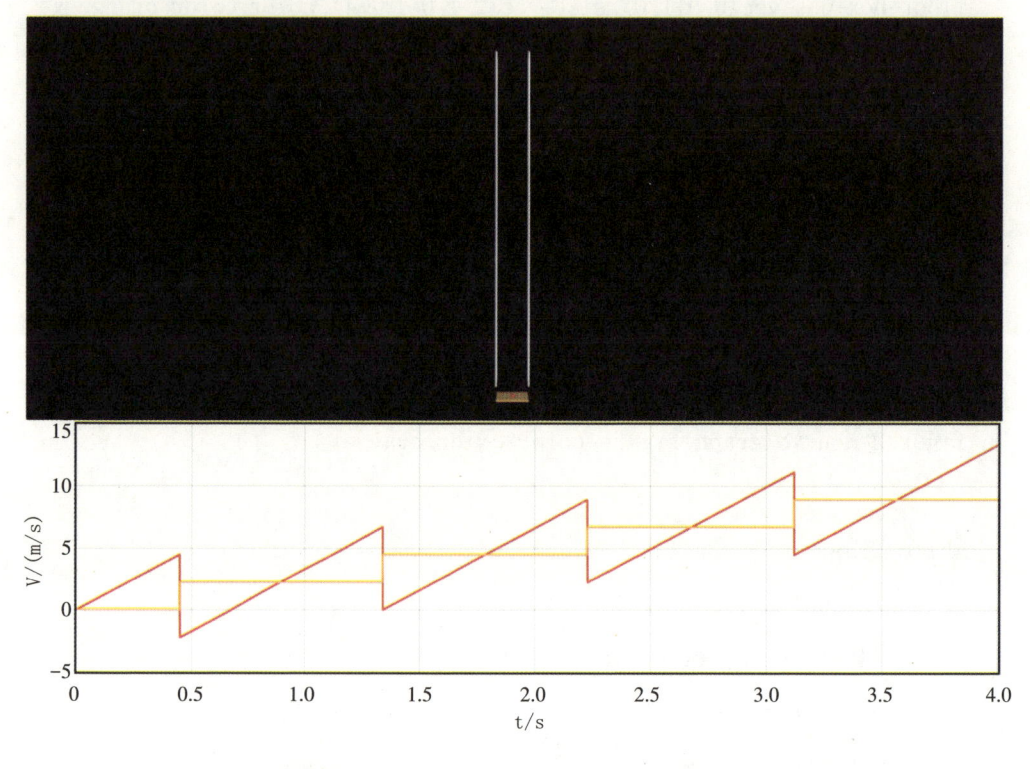

图 4-33

17 板块问题

题目

如图 4-34 所示，质量为 m' 的长木板静止在粗糙水平地面上，一个质量为 m、可视为质点的物块，以某一水平初速度 v_0 从左端冲上木板。从物块冲上木板到物块和木板达到共同速度的过程中，物块和木板的 v-t 图像分别如图 4-35 中的折线 acd 和 bcd 所示，a、b、c、d 点的坐标为 $a(0,10)$、$b(0,0)$、$c(4,4)$、$d(12,0)$。求：

(1) 物块冲上木板做匀减速直线运动的加速度大小 a_1，木板开始做匀加速直线运动的加速度大小 a_2，达到相同速度后一起做匀减速直线运动的加速度大小 a_3。

(2) 物块质量 m 与长木板质量 m' 之比。

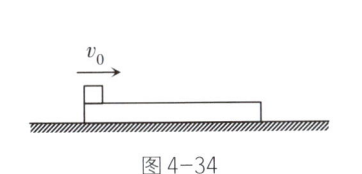

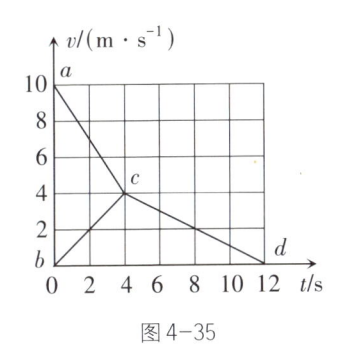

图 4-34

图 4-35

解析

(1) 由 v-t 图像的物理意义可得

$$a_1 = 1.5 \text{ m/s}^2,$$

$$a_2 = 1 \text{ m/s}^2,$$

$$a_3 = 0.5 \text{ m/s}^2。$$

(2) 设物块与长木板间的动摩擦因数为 μ_1，长木板与地面之间的动摩擦因数为 μ_2，根据牛顿第二定律，对物块有

$$\mu_1 mg = ma_1,$$

对长木板有

$$\mu_1 mg - \mu_2(m + m')g = m'a_2,$$

对整体有

$$\mu_2(m + m')g = (m + m')a_3,$$

由以上各式解得

$$m : m' = 3 : 2。$$

跟我一起敲代码

```
from vpython import *
plank=box(pos=vec(-15,0,0),size=vec(30,1,1),v=vec(0,0,0),m=20,color=color.green)
block=box(pos=vec(-29.5,1,0),size=vec(1,1,1),color=color.red,v=vec(10,0,0),m=30)
floor=box(pos=vec(0,-0.5,0),size=vec(60,0.5,1),v=vec(0,0,0))
dt=0.001
t=0
miu1=0.15
miu2=0.05
```

```
g=9.8
figure=graph(title="板块问题",xtitle="t/s",ytitle="v/(m/s)")
vtfigure1=gcurve(graph=figure,color=color.red)
vtfigure2=gcurve(graph=figure,color=color.green)

while block.pos.x<=plank.pos.x+9.5:
    rate(1000)
    if block.v.x>plank.v.x:
        a_block=-miu1*g
        a_plank=(miu1*block.m*g-miu2*(block.m+plank.m)*g)/plank.m
    else:
        if block.v.x<=plank.v.x:
            a_block=-miu2*g
            plank.v.x=block.v.x
            a_plank=a_block
            if block.v.x<=0:
                break

    block.v.x+=a_block*dt
    plank.v.x+=a_plank*dt
    block.pos.x+=block.v.x*dt
    plank.pos.x+=plank.v.x*dt
    vtfigure1.plot(t,block.v.x)
    vtfigure2.plot(t,plank.v.x)
    t=t+dt
```

可视化呈现

程序执行结果如图4-36所示。

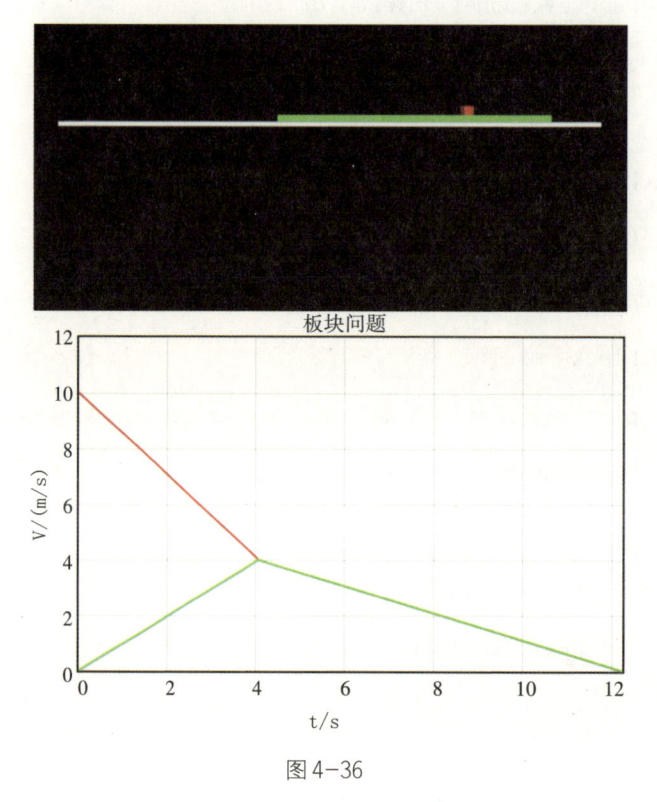

图 4-36

18

三物体与弹簧问题

题目

如图4-37所示，三个质量均为m的小物块A、B、C，放置在水平地面上，A紧靠竖直墙壁，一劲度系数为k的轻弹簧将A、B连接，C紧靠B，开始时弹簧处于原长，A、B、C均静止。现给C施加一水平向左、大小为F的恒力，使B、C一起向左运动，当速度为零时，立即撤去恒力，一段时间后A离开墙壁，最终三物块都停止运动。已知A、B、C与地面间的滑动摩擦力大小均为f，最大静摩擦力等于滑动摩擦力，弹簧始终在弹性限度内。（弹簧的弹性势能可表示为：$E_p = \frac{1}{2}kx^2$，k为弹簧的劲度系数，x为弹簧的形变量）

（1）求B、C向左移动的最大距离x_0和B、C分离时B的动能E_k。

（2）为保证A能离开墙壁，求恒力的最小值$F_{\min}$。

（3）若三物块都停止时B、C间的距离为x_{BC}，从B、C分离到B停止运动的整个过程，B克服弹簧弹力做的功为W，通过推导比较W与fx_{BC}的大小。

图4-37

解析

（1）从开始运动到B、C向左移动到最大距离x_0的过程中，以B、C和弹簧为研究对象，由功能关系得

$$Fx_0 = 2fx_0 + \frac{1}{2}kx_0^2,$$

弹簧恢复原长时 B、C 分离,从弹簧被压缩至最短到 B、C 分离,以 B、C 和弹簧为研究对象,由能量守恒定律得

$$\frac{1}{2}kx_0^2 = 2fx_0 + 2E_k,$$

联立方程解得

$$x_0 = \frac{2F - 4f}{k},$$

$$E_k = \frac{F^2 - 6fF + 8f^2}{k}。$$

(2)当 A 刚要离开墙时,设弹簧的伸长量为 x,以 A 为研究对象,由平衡条件得

$$kx = f,$$

若 A 刚要离开墙壁时 B 的速度恰好等于零,这种情况下恒力为最小值 $F_{\min}$,从弹簧恢复原状到 A 刚要离开墙的过程中,以 B 和弹簧为研究对象,由能量守恒定律得

$$E_k = \frac{1}{2}kx^2 + fx,$$

结合第(1)问结果可知

$$F_{\min} = (3 \pm \frac{\sqrt{10}}{2})f,$$

根据题意舍去

$$F_{\min} = (3 - \frac{\sqrt{10}}{2})f,$$

所以恒力的最小值

$$F_{\min} = (3 + \frac{\sqrt{10}}{2})f。$$

(3)从 B、C 分离到 B 停止运动,设 B 的路程为 x_B,C 的位移为 x_C,以 B 为研究对象,由动能定理得

$$-W - fx_B = 0 - E_k,$$

以 C 为研究对象,由动能定理得

$$-fx_C = 0 - E_k,$$

由 B、C 的运动关系得

$$x_B > x_C - x_{BC},$$

联立可知

$$W < fx_{BC}。$$

跟我一起敲代码

```
from vpython import *
scene=canvas(width=1000,height=500)
floor=box(pos=vec(0,0,0),size=vec(40,1,2))
wall=box(pos=vec(-19.5,3,0),size=vec(1,6,2))

A=box(pos=vec(-18,1.5,0),size=vec(2,2,2),color=color.red,v=vec(0,0,0))
B=box(pos=vec(-10,1.5,0),size=vec(2,2,2),color=color.blue,v=vec(0,0,0))
spring=helix(pos=A.pos,axis=B.pos-A.pos,thickness=0.1,radius=0.6,coils=10)
C=box(pos=vec(-8,1.5,0),size=vec(2,2,2),color=color.orange,v=vec(0,0,0),a=vec(0,0,0))

F=vec(-10,0,0)
f=0.8
k=5
m=1
balance=vec(-10,1.5,0)
l0=8
dt=0.001
t=0
figure=graph(width=1000,xtitle="x",ytitle="a")
axfigure=gcurve(graph=figure,color=color.red)
i=0

while 1:
    rate(1000)
    if B.pos.x<=balance.x and (B.v.x<=0):
        a=(F+k*(balance-B.pos)+2*vec(f,0,0))/(2*m)
        B.v+=a*dt
```

```
B.pos+=B.v*dt
C.a=a
C.v+=C.a*dt
C.pos+=C.v*dt
spring.axis=B.pos-A.pos
```

```
if B.pos.x<=balance.x and (B.v.x>=0):
    a=(k*(balance-B.pos)+2*f*norm(-B.v))/(2*m)
    B.v+=a*dt
    B.pos+=B.v*dt
    C.a=a
    C.v+=C.a*dt
    C.pos+=C.v*dt
    spring.axis=B.pos-A.pos
```

```
if B.pos.x>=balance.x and B.pos.x<=(balance.x+f/k):
    a=(k*(balance-B.pos)+f*norm(-B.v))/m
    B.v+=a*dt
    B.pos+=B.v*dt
    C.a=vec(-f/m,0,0)
    C.v+=C.a*dt
    C.pos+=C.v*dt
    spring.axis=B.pos-A.pos
```

```
if B.pos.x>=balance.x+f/k:
    spring.pos=A.pos
    spring.axis=B.pos-A.pos
    a1=(-k*(B.pos-A.pos-vec(8,0,0))+f*norm(-B.v))/m
    B.v+=a1*dt
    B.pos+=B.v*dt
```

```
a2=(k*(B.pos-A.pos-vec(8,0,0))+f*norm(-A.v))/m
A.v+=a2*dt
A.pos+=A.v*dt


if C.v.x==0:
    a3=vec(0,0,0)
    C.a=a3
    C.v+=C.a*dt
    C.pos+=C.v*dt
    C.a=a3
elif C.v.x>0:
    a3=f*norm(-C.v)/m
    C.a=a3
    C.v+=C.a*dt
    C.pos+=C.v*dt


t=t+dt
if C.pos.x>=balance.x-2/k*(10-2) and C.v.x>=0:
    axfigure.plot(C.pos.x,C.a.x)
```

可视化呈现

程序执行结果如图4-38所示。

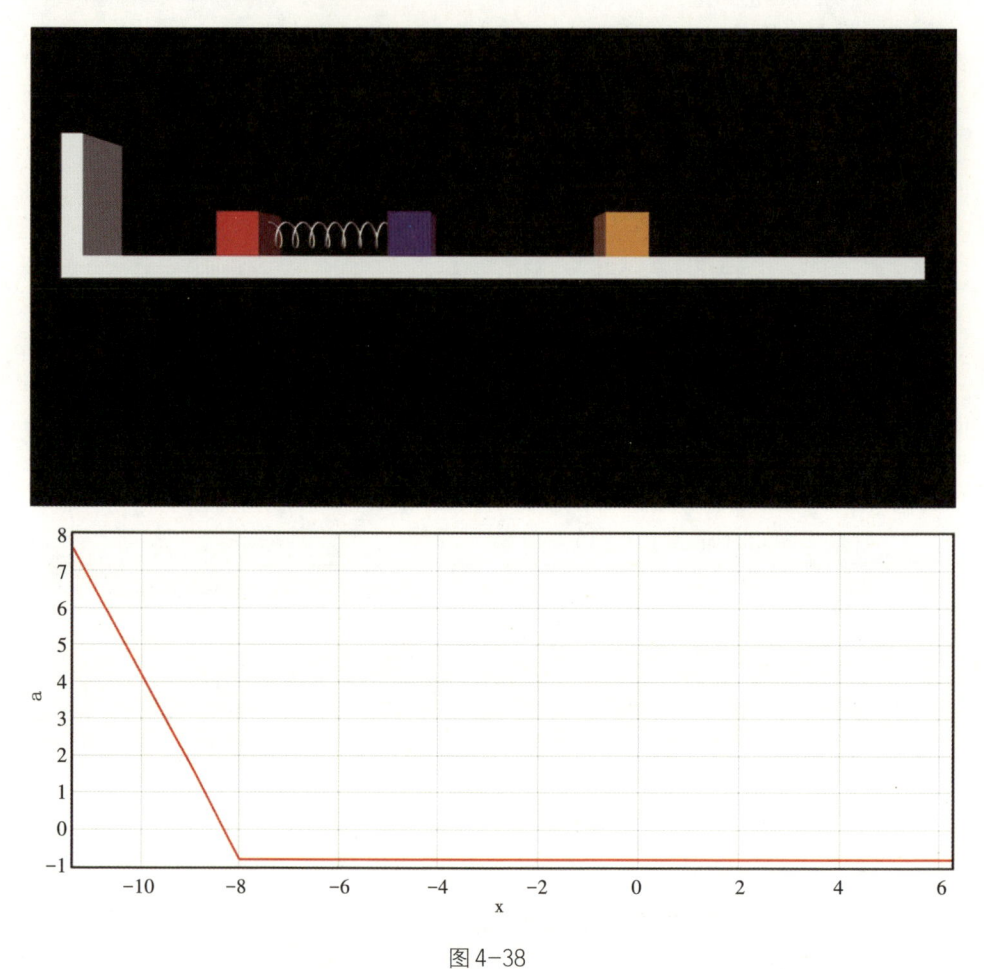

图4-38

扫一扫，看视频

19 两物体与弹簧、斜面问题

题目

如图4-39所示，一质量为m的物块A与轻质弹簧连接，静止在光滑水平面上；物块B向A运动，$t=0$时与弹簧接触，到$t=2t_0$时与弹簧分离，第一次碰撞结束，A、B的v-t图像如图4-40所示。已知从$t=0$到$t=t_0$时间内，物块A运动的距离为$0.36v_0t_0$。A、B分离后，A滑上粗糙斜面，然后滑下，与一直在水平面上运动的B再次碰撞，之后A再次滑上斜面，达到的最高点与前一次相同。斜面倾角为$\theta(\sin\theta=0.6)$，与水平面光滑连接。碰撞过程中弹簧始终处于弹性限度内。求：

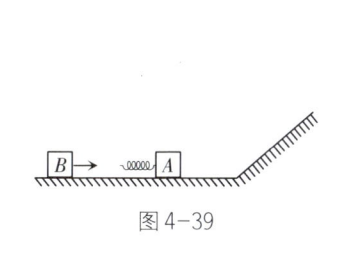

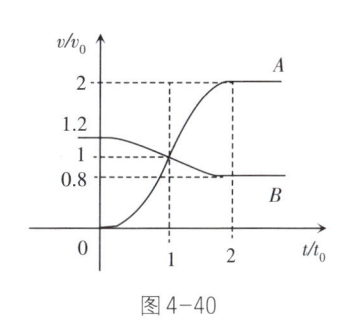

图4-39

图4-40

(1) 第一次碰撞过程中，弹簧弹性势能的最大值。

(2) 第一次碰撞过程中，弹簧压缩量的最大值。

(3) 物块A与斜面间的动摩擦因数。

解析

(1)当 $t = t_0$ 时,A 与 B 共速,弹簧弹性势能最大,满足

$$m_B \cdot 1.2v_0 = (m_B + m_A)v_0,$$

此时弹簧的弹性势能

$$E_p = \frac{1}{2}m_B(1.2v_0)^2 - \frac{1}{2}(m_B + m_A)v_0^2,$$

解得

$$m_B = 5m,$$
$$E_p = 0.6mv_0^2。$$

(2)设 $0 \sim t_0$ 时间内某一时刻物块 A 的速度为 v_A,物块 B 的速度为 v_B,从此刻到共速过程中,由动量守恒定律得

$$m_A v_A + m_B v_B = (m_A + m_B)v_0,$$

由微元法可知,在极短的一段时间 Δt 内,有

$$m_A v_A \Delta t + m_B v_B \Delta t = (m_A + m_B)v_0 \Delta t,$$

故在 $0 \sim t_0$ 时间内有

$$m_A x_A + m_B x_B = (m_A + m_B)v_0 t_0,$$

其中 x_A、x_B 分别表示 A、B 在这段时间内移动的距离,已知

$$x_A = 0.36 v_0 t_0,$$

解得

$$x_B = 1.128 v_0 t_0,$$

故第一次碰撞过程中,弹簧的最大压缩量

$$\Delta x = x_B - x_A = 0.768 v_0 t_0。$$

(3)物块 A 第二次到达斜面的最高点与第一次相同,说明物块 A 第二次与 B 分离后速度大小仍为 $2v_0$,方向水平向右,设物块 A 第一次滑下斜面的速度大小为 v'_A,设向左为正方向,根据动量守恒定律可得

$$mv'_A - 5m \cdot 0.8v_0 = m(-2v_0) + 5mv'_B,$$

根据能量守恒定律可得

$$\frac{1}{2}mv'^2_A + \frac{1}{2} \cdot 5m \cdot (0.8v_0)^2 = \frac{1}{2}m(-2v_0)^2 + \frac{1}{2} \cdot 5mv'^2_B,$$

联立解得

$$v'_A = v_0,$$

设在斜面上滑行的长度为L,上滑过程,根据动能定理可得

$$-mgL\sin\theta - \mu mgL\cos\theta = 0 - \frac{1}{2}m(2v_0)^2,$$

下滑过程,根据动能定理可得

$$mgL\sin\theta - \mu mgL\cos\theta = \frac{1}{2}mv_0^2 - 0,$$

联立解得

$$\mu = 0.45。$$

跟我一起敲代码

```
from vpython import *
scene=canvas(width=800,height=300)
floor=box(pos=vec(0,0,0),size=vec(33,0.2,1))
boxB=box(pos=vec(-16,0.6,0),size=vec(1,1,1),color=color.red,velocity=vec(1.2,0,0),m=5)
boxA=box(pos=vec(-5,0.6,0),size=vec(1,1,1),color=color.blue,velocity=vec(0,0,0),m=1)
spring=helix(pos=boxA.pos-vec(0.5,0,0),radius=0.25,coils=20,thickness=0.1,axis=vector(-10,0,0))
t=0
dt=0.001
k=1
figure=graph(width=800,height=200,xtitle="t/t0",ytitle="v/v0")
vtBfigure=gcurve(graph=figure,color=color.red)
vtAfigure=gcurve(graph=figure,color=color.blue)
```

```
while True:
    rate(500)
    boxB.pos+=boxB.velocity*dt
    boxA.pos+=boxA.velocity*dt

    if boxB.pos.x>=(spring.pos.x-10.5):
        boxB.a=-k*(10-mag(spring.axis))/5
        boxA.a=k*(10-mag(spring.axis))
        boxB.velocity.x+=boxB.a*dt
        boxB.pos+=boxB.velocity*dt

        boxA.velocity.x+=boxA.a*dt
        boxA.pos+=boxA.velocity*dt
        spring.pos=boxA.pos-vec(0.5,0,0)
        spring.axis=boxB.pos-boxA.pos+vec(1,0,0)

    if boxB.pos.x<(spring.pos.x-10.5):
        boxB.pos+=boxB.velocity*dt
        boxA.pos+=boxA.velocity*dt
        spring.pos=boxA.pos-vec(0.5,0,0)
        axis=vector(-10,0,0)
    t+=dt
    vtAfigure.plot(t,boxA.velocity.x)
    vtBfigure.plot(t,boxB.velocity.x)
```

可视化呈现

程序执行结果如图4-41所示。

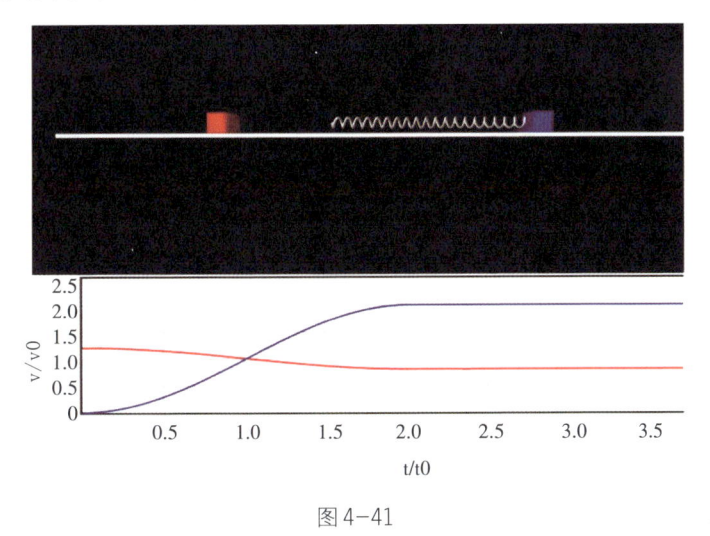

图4-41

扫一扫,看视频

20

考虑摩擦因数的弹簧振子

题目

如图4-42所示,粗糙水平面上有一个弹簧振子,物体质量为m,弹簧的劲度系数为k,物体与水平面之间的摩擦力为f,物体的起始位置坐标为$x_0 = A$,且速度为0,假设f很小,物体能振动很多次,问:物体的振幅有何规律?

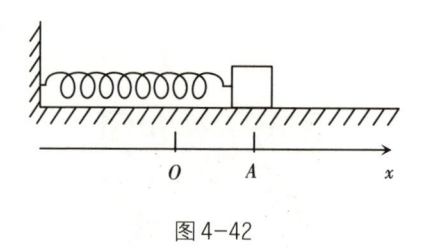

图4-42

解析

以弹簧自然伸长时物体的位置O作为原点,建立一维坐标系,设物体从右端最大位移$x_0 = A$处开始振动,初速度为0,则在第i个半周期内,物体振动的微分方程为

$$m\ddot{x} = -kx + (-1)^{i+1}f,$$

令

$$\omega^2 = \frac{k}{m},$$

$$\varphi = \frac{(-1)^{i+1}f}{m},$$

微分方程可写成

$$\ddot{x} + \omega^2 x = \varphi,$$

这是二阶常系数线性非齐次微分方程,其对应的齐次方程 $\ddot{x} + \omega^2 x = 0$ 的通解为

$$x_1 = C_1 \cos \omega t + C_2 \sin \omega t$$

$$= \sqrt{C_1^2 + C_2^2} \left(\frac{C_1}{\sqrt{C_1^2 + C_2^2}} \cos \omega t + \frac{C_2}{\sqrt{C_1^2 + C_2^2}} \sin \omega t \right)$$

$$= A \cos(\omega t - \alpha)$$

由于 φ 为常数,故设它的一个特解为

$$x_2 = C(常数),$$

带入微分方程有

$$0 + \omega^2 \cdot C = \varphi,$$

解得

$$C = \frac{\varphi}{\omega^2} = \frac{(-1)^{i+1} f}{k} = \delta,$$

故微分方程的通解为

$$x = x_1 + x_2 = A \cos(\omega t - \alpha) + \delta,$$

第 i 个半周期的振动方程解为

$$x = [x_0 - (2i - 1)\delta] \cos \omega t + (-1)^{i+1} \delta,$$

所以,当 $i = 1, 2, 3, \cdots, n$ 时,振动各半个周期的振幅依次为 $x_0 - \delta, x_0 - 3\delta, x_0 - 5\delta, \cdots, x_0 - (2n - 1)\delta$。可见,在振动的各个阶段,振幅按等差数列排列,振幅的衰减量为 2δ。

跟我一起敲代码

```
from vpython import *
m=0.5
k=10
```

```
dt=0.001
t=0
u=0.05
g=9.8
spring_length=1.5
scene=canvas(width=800,height=500,background=vec(0.5,0.6,0.5))
floor=box(pos=vec(0,0,0),length=3,height=0.01,width=1)
wall=box(pos=vec(-1.5,0.25-0.005,0),length=0.01,height=0.5,width=1)
square=box(pos=vec(0.5,0.1,0),length=0.2,height=0.2,width=0.2,texture=
textures.wood,v=vec(0,0,0))
spring=helix(pos=vec(-1.5,0.1,0),radius=0.06,coils=15,thickness=0.03)
spring.axis=square.pos-spring.pos
figure=graph(width=800,height=400)
xtfigure=gcurve(graph=figure,color=color.red)

while t<5000:
    rate(1000)
    a=-(k*(spring.length-spring_length)/m)*spring.axis.norm()-
u*g*square.v.norm()
    square.v=square.v+a*dt
    square.pos=square.pos+square.v*dt
    spring.axis=square.pos-spring.pos
    xtfigure.plot(t,square.v.x)
    t=t+dt
```

可视化呈现

程序执行结果如图4-43所示。

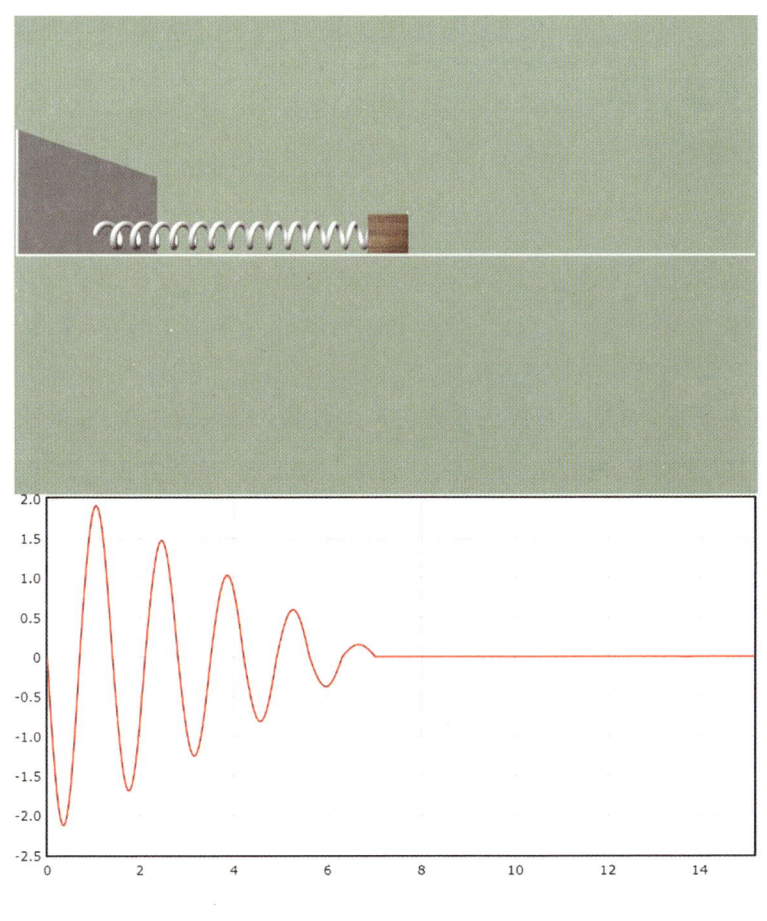

图4-43

扫一扫，看视频

21

二维弹簧摆

题目

将质量为 m 的小球固定在弹性系数为 k、原长为 l_0 的轻质弹簧上,弹簧另一端悬挂于固定点 O,以此构成弹簧摆,如图 4-44 所示。初始时,使弹簧摆偏离竖直位置一定角度,在静止、弹簧为原长的状态下放手,求该弹簧摆在竖直平面内的运动情况。

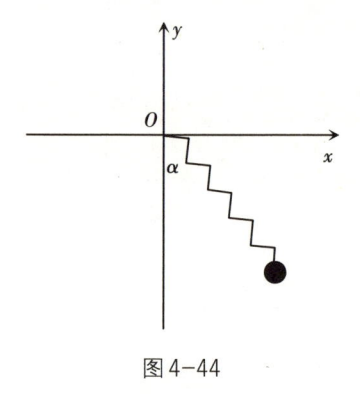

图 4-44

解析

根据题意,弹簧为轻弹簧,只提供弹性,质量集中在摆球上,摆动时弹簧在垂直弹簧方向无形变。设摆动过程中某时刻弹簧长度为 l,且向 α 角增大的方向摆动,此时,系统受沿弹簧方向的弹性力 $f = k(l - l_0)$ 和竖直向下的重力 mg 的作用。

这样,在直角坐标系中牛顿运动方程应为

$$-f \sin \alpha = m \frac{\mathrm{d}^2 x}{\mathrm{d} t^2},$$

$$f \cos \alpha - mg = m \frac{\mathrm{d}^2 y}{\mathrm{d} t^2},$$

由图4-44可知，摆球的直角坐标与摆角的关系是

$$x = l\sin\alpha,$$

$$y = -l\cos\alpha,$$

$$l = \sqrt{x^2 + y^2},$$

将摆球受力及相应坐标关系代入牛顿运动方程，整理可得

$$\frac{d^2x}{dt^2} = -\frac{k}{m}\left(1 - \frac{l_0}{\sqrt{x^2+y^2}}\right)x,$$

$$\frac{d^2y}{dt^2} = -g - \frac{k}{m}\left(1 - \frac{l_0}{\sqrt{x^2+y^2}}\right)y.$$

这个运动方程没有解析解，是非常复杂的非线性微分方程组，可以采用求数值解的办法进行处理。

跟我一起敲代码

```
from vpython import *
m=0.5
k=10
dt=0.001
t=0
g=vec(0,-9.8,0)
scene=canvas(width=1000,height=1000,background=vec(0.5,0.6,0.5))
ceiling=box(pos=vec(0,1,0),length=3,height=0.01,width=1)
ball=sphere(pos=vec(0,0.05,0),radius=0.1,color=color.red,v=vec(2,0,0),make_trail=True)
spring=helix(radius=0.06,coils=15,thickness=0.03)
spring.pos=ceiling.pos
spring.axis=ball.pos-spring.pos
spring.L=spring.length
```

```
while True:
    rate(1000)
    a=-(k*(spring.length-spring.L)/m)*spring.axis.norm()+g
    ball.v=ball.v+a*dt
    ball.pos=ball.pos+ball.v*dt
    spring.axis=ball.pos-spring.pos
```

可视化呈现

程序执行结果如图4-45所示。

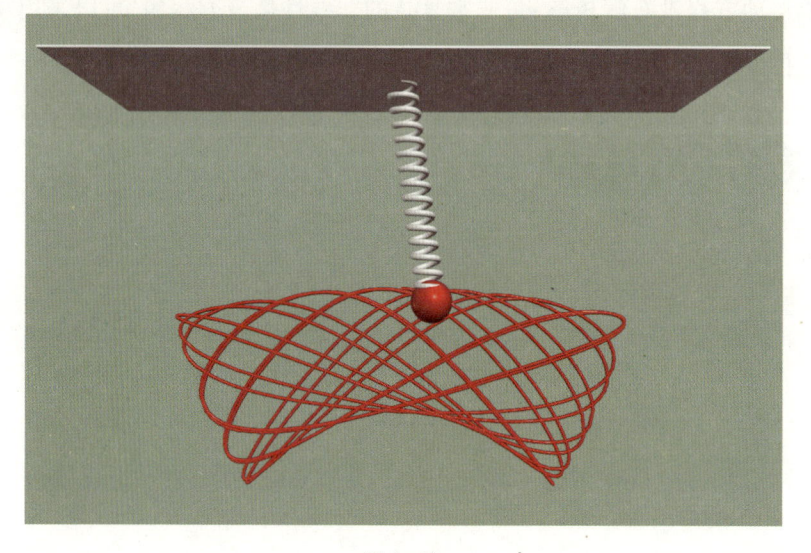

图4-45

扫一扫,看视频

22

三维弹簧摆

题目

实际情况下,将弹簧摆限制在二维竖直面内运动是不可能的,当弹簧摆受到微扰作用时,其运动很容易偏离竖直平面。因而,有必要研究弹簧摆在三维空间中的运动,即三维弹簧摆。

分析

如图4-46所示,建立坐标系$Oxyz$,弹簧悬挂在原点O,Oz轴竖直向下,其小球坐标为(x,y,z),弹簧的原长为l_0,弹簧摆系统的动能为

$$T = \frac{1}{2}m(\dot{x}^2 + \dot{y}^2 + \dot{z}^2),$$

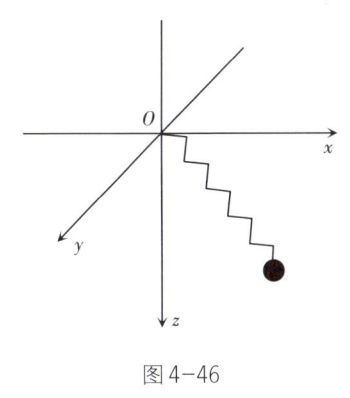

图4-46

弹簧摆系统的势能为

$$V = \frac{1}{2}k(\sqrt{x^2 + y^2 + z^2} - l_0)^2 - mgz,$$

系统的拉格朗日函数为

$$L = T - V = \frac{1}{2}m(\dot{x}^2 + \dot{y}^2 + \dot{z}^2) + mgz - \frac{1}{2}k(\sqrt{x^2 + y^2 + z^2} - l_0)^2,$$

整个系统是保守系,其拉格朗日方程为

$$\frac{\mathrm{d}}{\mathrm{d}t}\left(\frac{\partial L}{\partial \dot{q}_\alpha}\right) - \frac{\partial L}{\partial q_\alpha} = 0,$$

可得系统的动力学方程为

$$\ddot{x} = -\frac{k}{m}\left(1 - \frac{l_0}{\sqrt{x^2 + y^2 + z^2}}\right)x,$$

$$\ddot{y} = -\frac{k}{m}\left(1 - \frac{l_0}{\sqrt{x^2 + y^2 + z^2}}\right)y,$$

$$\ddot{z} = g - \frac{k}{m}\left(1 - \frac{l_0}{\sqrt{x^2 + y^2 + z^2}}\right)z_\circ$$

跟我一起敲代码

```
from vpython import *
canvas(width=500, height=600)
spring=helix(pos=vector(0,10,0),radius=0.5,coils=15,thickness=0.1)
ball=sphere(pos=vector(20,10,0),radius=0.8,color=color.red,velocity=vector(0,0,1),make_trail=True)
ceil=box(pos=vector(0,10,0),size=vector(15,1,2),texture=textures.wood)
spring.axis=ball.pos-spring.pos
k=10
m=10
```

```
L0=20
dt=0.001
g=10


while True:
    rate(3000)
    L=mag(ball.pos-spring.pos)
    costheta=sqrt(ball.pos.x**2+ball.pos.z**2)/L
    sintheta=(spring.pos.y-ball.pos.y)/L
    cosphi=ball.pos.x/sqrt(ball.pos.x**2+ball.pos.z**2)
    sinphi=ball.pos.z/sqrt(ball.pos.x**2+ball.pos.z**2)
    F=k*(L-L0)
    ax=-F*costheta*cosphi
    ay=F*sintheta-g
    az=-F*costheta*sinphi
    
    
    spring.axis=ball.pos-spring.pos
    ball.velocity.x=ball.velocity.x+ax*dt
    ball.velocity.y=ball.velocity.y+ay*dt
    ball.velocity.z=ball.velocity.z+az*dt
    
    
    ball.pos+=ball.velocity*dt
```

可视化呈现

程序执行结果如图4-47所示。

图4-47

扫一扫,看视频

第五章

利用 Python 解决电磁学问题

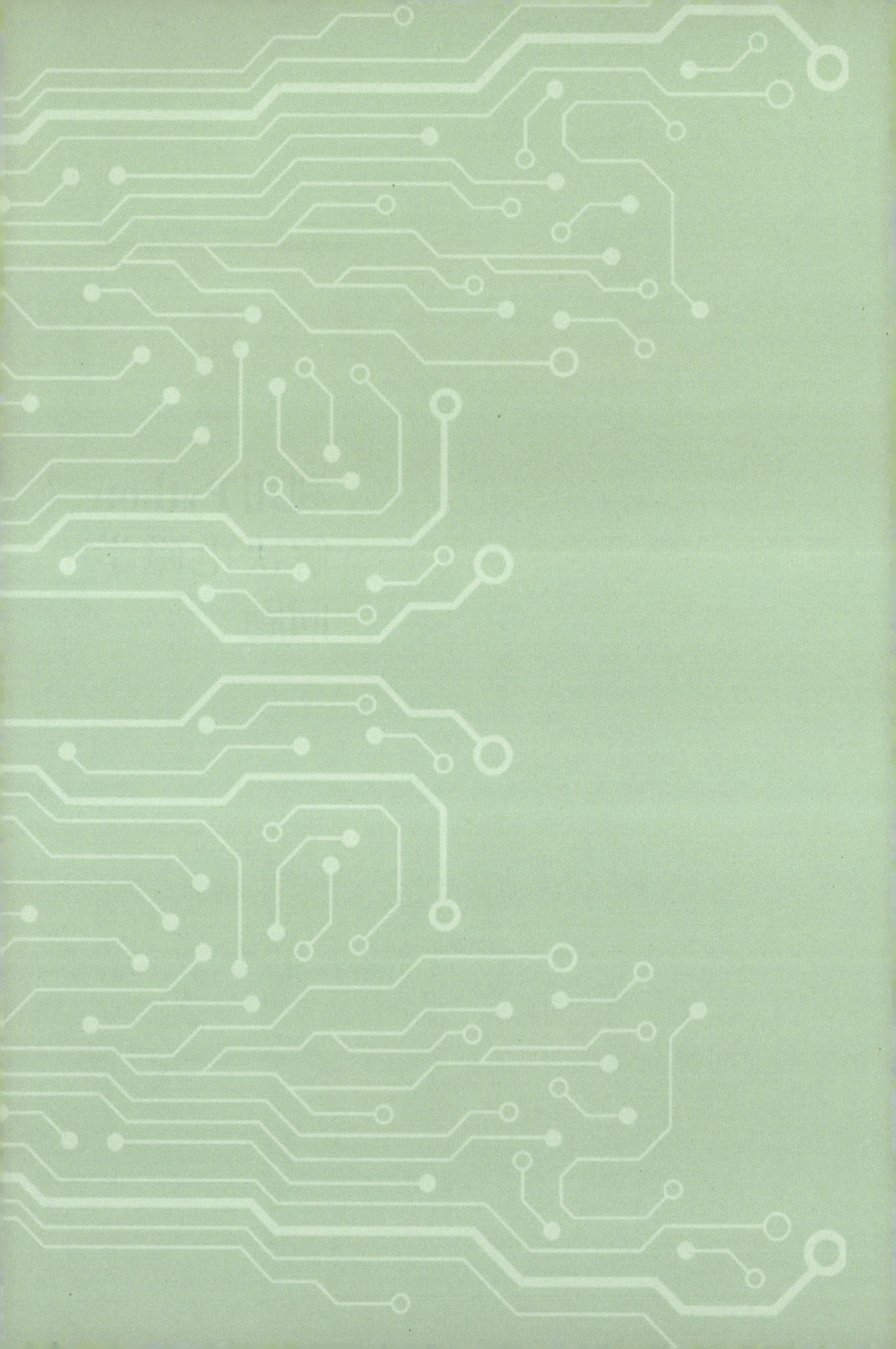

1

等量同种电荷正方形区域电场问题

题目

如图5-1所示,在正方形$ABCD$中,M、N分别为AB、CD中点,在AD和BC的中垂线上、关于O点对称的位置分别固定两个等量同种点电荷$+Q$,一带电粒子仅在电场力作用下沿着图中虚线运动,先后经过A、O、C三点。下列说法正确的是(　　)。

A. 该粒子带正电

B. A、C两点间的电场强度相同,电势相等

C. 带电粒子从A点运动到C点的过程中动能先增加后减少

D. 带电粒子从A点运动到C点的过程中电势能先增加后减少

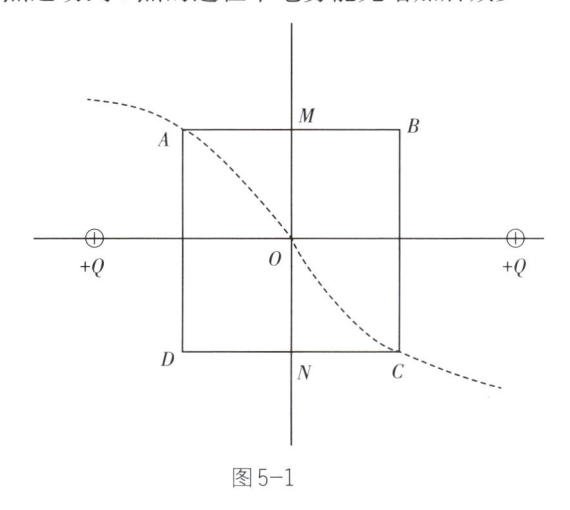

图5-1

解析

根据物体做曲线运动时合力指向运动轨迹凹侧可知,带电粒子所受电场力指向正电荷,说明粒子带负电,A错误;根据等量同种点电荷的电场线与等势线的分布规律可

121

知，A、C 两点的电场强度大小相等、方向相反、电势相等，B 错误；带电粒子从 A 点运动到 C 点的过程中，电场力先做负功后做正功，带电粒子的动能先减少后增加，电势能先增加后减少，C 错误，D 正确，故选 D。

跟我一起敲代码

```
from vpython import *
k=1.798
scene=canvas(range=2,width=800,height=450)
balln=sphere(pos=vec(0,0,0),radius=0.03)
ball1=sphere(pos=vector(-1.5,0,0),charge=1,radius=0.05)
ball2=sphere(pos=vector(1.5,0,0),charge=1,radius=0.05)
ball22=sphere(pos=vector(-1,1,0),charge=-1,radius=0.02,color=color.red,velocity=vector(1,0,0),m=1,make_trail=True)
dt=0.001
t=0
figure=graph(width=800,height=450,xtitle="t/s",ytitle="E/J")
vtfigure1=gcurve(graph=figure,color=color.red)
vtfigure2=gcurve(graph=figure,color=color.blue)

while ball22.pos.x<=1:
    rate(500)
    F11=k*abs(ball1.charge)*abs(ball22.charge)/mag(ball1.pos-ball22.pos)**2*norm(ball1.pos-ball22.pos)
    F22=k*abs(ball2.charge)*abs(ball22.charge)/mag(ball2.pos-ball22.pos)**2*norm(ball2.pos-ball22.pos)
    a22=(F11+F22)/ball22.m
    ball22.velocity=ball22.velocity+a22*dt
    ball22.pos=ball22.pos+ball22.velocity*dt
    phi=1/mag(ball1.pos-ball22.pos)+1/mag(ball2.pos-ball22.pos)**2
```

t=t+dt

vtfigure1.plot(t/2,mag(ball22.velocity)**2/2)

vtfigure2.plot(t/2,-phi)

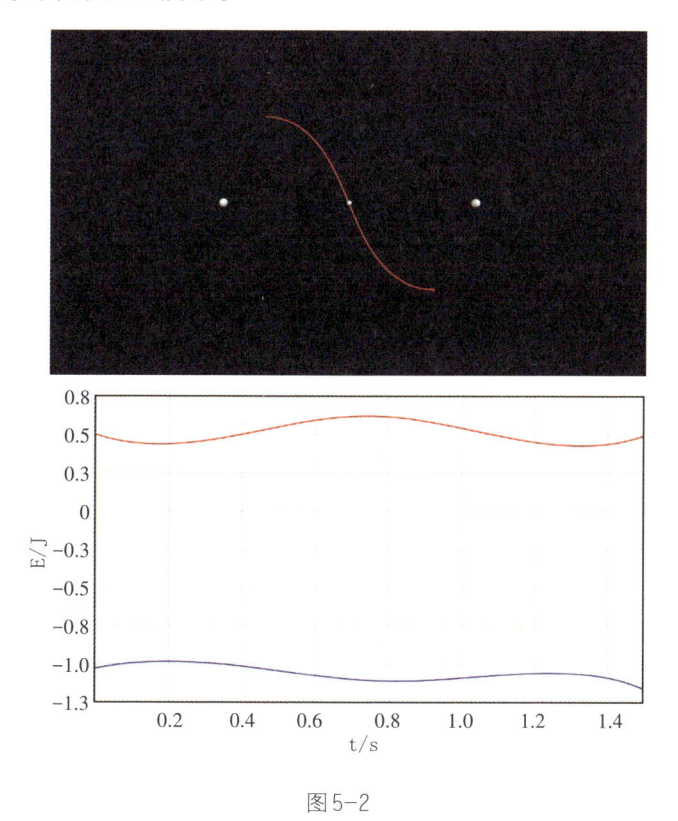

可视化呈现

程序执行结果如图 5-2 所示。

图 5-2

扫一扫,看视频

重力场与电场的复合场问题

题目

在 O 点处固定一个正点电荷，P 点在 O 点右上方。从 P 点由静止释放一个带负电的小球，小球仅在重力和该点电荷电场力作用下在竖直面内运动，其一段轨迹如图 5-3 所示。M、N 是轨迹上的两点，$OP > OM$，$OM = ON$，则小球(　　　)。

图 5-3

A. 在运动过程中，电势能先增加后减少
B. 在 P 点的电势能大于在 N 点的电势能
C. 在 M 点的机械能等于在 N 点的机械能
D. 从 M 点运动到 N 点的过程中，电场力始终不做功

解析

由题知，$OP > OM$，$OM = ON$，则根据点电荷的电势分布情况可知

$$\varphi_M = \varphi_N > \varphi_P,$$

则带负电的小球在运动过程中，电势能先减小后增大，且

$$E_{pP} > E_{pM} = E_{pN},$$

则带负电的小球在 M 点的机械能等于 N 点的机械能，A 错误，B、C 正确。

从 M 点运动到 N 点的过程中，电场力先做正功后做负功，D 错误。

故选 B、C。

跟我一起敲代码

```
from vpython import *
scene=canvas(width=650,height=360,background=color.cyan)
Oball=sphere(pos=vec(0,0,0),radius=0.1,q=10,color=color.red)
ball=sphere(pos=vec(5,5,0),radius=0.1,q=-10,m=0.4,v=vec(0,0,0),color=color.blue,make_trail=True)
g=vector(0,-10,0)
F_G=ball.m*g
dt=0.001
t=0
figure=graph(width=650,height=300,xtitle="t/s",ytitle="distance/m")
figure1=gcurve(graph=figure,color=color.blue)

while True:
    rate(100)
    distance=ball.pos-Oball.pos
    Distance=mag(distance)
    F_C=Oball.q*ball.q*((1.0/Distance)**2)*distance.norm()
    a=(F_C+F_G)/ball.m;
    ball.v+=a*dt
    ball.pos+=ball.v*dt
    t=t+dt
    figure1.plot(t,Distance)
```

可视化呈现

程序执行结果如图5-4所示。

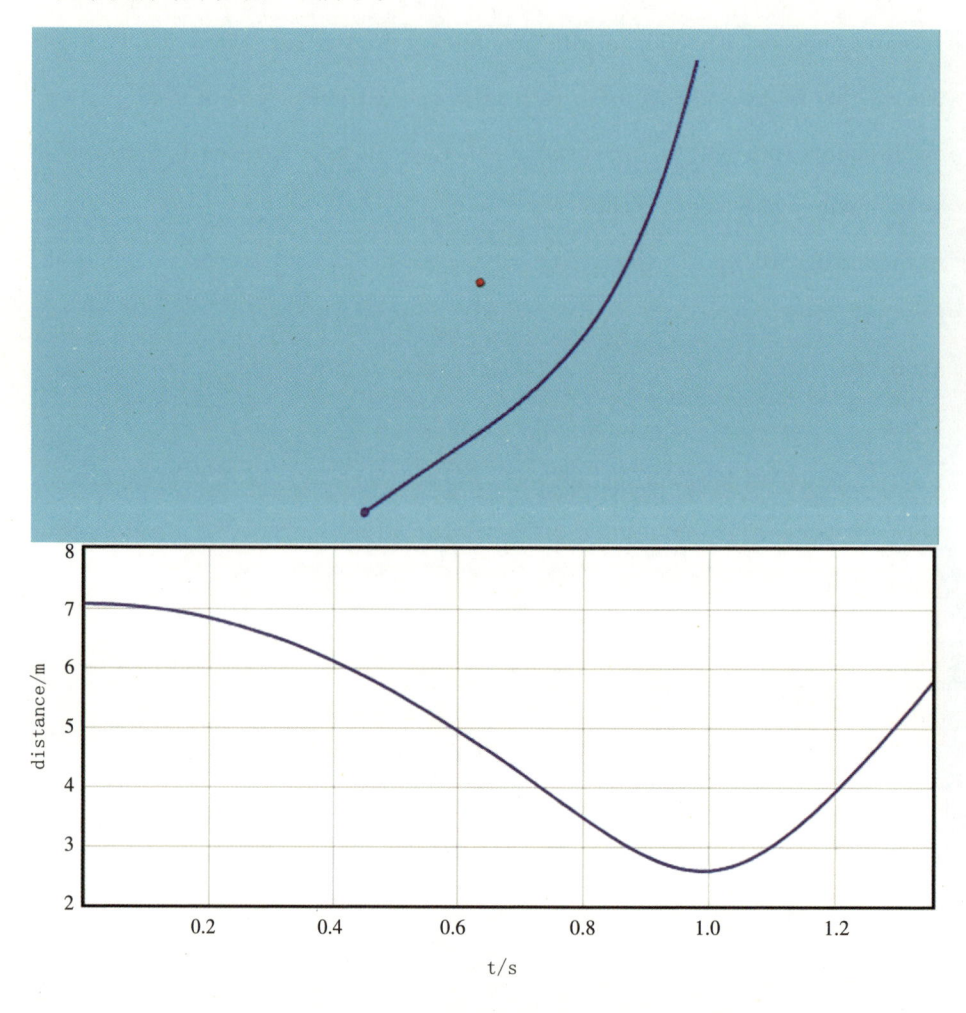

图5-4

扫一扫,看视频

3

带电粒子在电偶极子连线与中垂线上的往复运动问题

题目

在竖直面内有带等量同种负电荷的两个点电荷,在它们连线中点有一点 O,一个带正电的粒子从 O 点沿着连线中垂线以速度 v 向上运动,请判断粒子运动过程中电场力、电势能等物理量的变化情况。

解析

由图 5-5 可知

$$E_{合} = 2E\cos(90°-\theta) = 2E\sin\theta,$$

$$E = k\frac{Q}{\left(\dfrac{x}{\cos\theta}\right)^2},$$

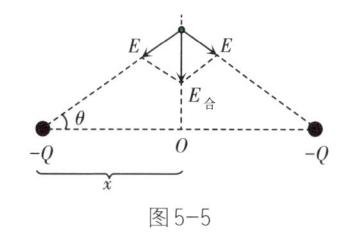

图 5-5

带入可得

$$E_{合} = \frac{2kQ\cos^2\theta}{x^2}\sin\theta$$

令

$$f(\theta) = \cos^2\theta \cdot \sin\theta,$$

对 θ 求导

$$f'(\theta) = 2\cos\theta\cdot(-\sin^2\theta) + \cos^3\theta,$$

当 $f'(\theta) = 0$ 时,即 $\tan\theta = \dfrac{\sqrt{2}}{2}$ 时,$E_{合}$ 有最大值;

当 $0 < \tan\theta < \dfrac{\sqrt{2}}{2}$ 时,$E_{合}$ 增大;

当 $\tan\theta > \dfrac{\sqrt{2}}{2}$ 时，$E_{合}$ 减小。

所以从 O 点沿着连线中垂线以速度 v 向上运动时，电场力先增大后减小，另由于电场力做负功，所以电势能增加。

跟我一起敲代码

```
from vpython import *
k=1
scene=canvas(range=1.5,width=800,height=450)
ball1=sphere(pos=vector(-1,0,0),charge=-1,radius=0.05)
ball2=sphere(pos=vector(1,0,0),charge=-1,radius=0.05)
ball22=sphere(pos=vector(0,0,0),charge=1,radius=0.05,color=color.red,
velocity=vector(0,1,0),m=1)
label(pos=vector(-1,-0.2,0),text="-Q")
label(pos=vector(1,-0.2,0),text="-Q")
dt=0.001
t=0
figure=graph(width=800,height=350,title="带电小球的v-t图像(忽略小球重力)",xtitle="t/s",ytitle="v/(m/s)")
vtfigure=gcurve(graph=figure)

while 1:
    rate(1000)
    F11=k*abs(ball1.charge)*ball22.charge/mag(ball1.pos-ball22.pos)**2*norm(ball1.pos-ball22.pos)
    F22=k*abs(ball2.charge)*ball22.charge/mag(ball2.pos-ball22.pos)**2*norm(ball2.pos-ball22.pos)
    a22=(F11+F22)/ball22.m
    ball22.velocity=ball22.velocity+a22*dt
    ball22.pos=ball22.pos+ball22.velocity*dt
```

t=t+dt

vtfigure.plot(t,ball22.velocity.y)

可视化呈现

程序执行结果如图5-6所示。

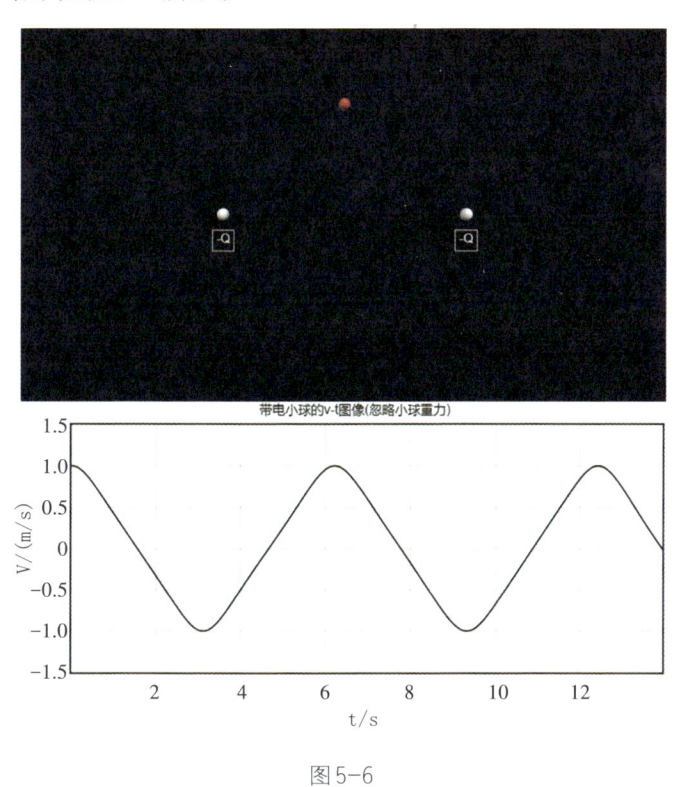

图5-6

扫一扫,看视频

电场与磁场叠加问题

题目

在芯片制造过程中，离子注入是其中一道重要的工序。图5-7是离子注入工作原理示意图，离子经加速后沿水平方向进入速度选择器，然后通过磁分析器，选择出特定比荷的离子，经偏转系统后注入处在水平面内的晶圆（硅片）。速度选择器、磁分析器和偏转系统中的匀强磁场的磁感应强度大小均为B，方向均垂直纸面向外；速度选择器和偏转系统中的匀强电场场强大小均为E，方向分别为竖直向上和垂直纸面向外。磁分析器截面是内外半径分别为R_1和R_2的四分之一圆环，其两端中心位置M和N处各有一个小孔；偏转系统中电场和磁场的分布区域是同一边长为L的正方体，偏转系统底面与晶圆所在水平面平行，间距也为L。当偏转系统不加电场及磁场时，离子恰好竖直注入到晶圆上的O点（即图中坐标原点，x轴垂直纸面向外）。整个系统置于真空中，不计离子重力，打在晶圆上的离子，经过电场和磁场偏转的角度都很小。当α很小时，有$\sin\alpha \approx \tan\alpha \approx \alpha, \cos\alpha \approx 1 - \frac{1}{2}\alpha^2$。求：

(1) 离子通过速度选择器后的速度大小v和磁分析器选择出来离子的比荷。

(2) 偏转系统仅加电场时离子注入晶圆的位置，用坐标(x, y)表示。

(3) 偏转系统仅加磁场时离子注入晶圆的位置，用坐标(x, y)表示。

(4) 偏转系统同时加上电场和磁场时离子注入晶圆的位置，用坐标(x, y)表示，并说明理由。

图 5-7

解析

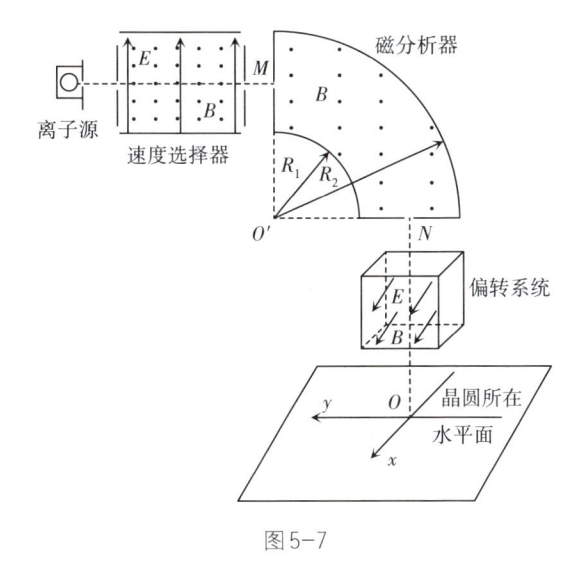

(1) 离子在速度选择器中运动时受力平衡，则有
$$qvB = qE,$$
所以通过速度选择器离子的速度为
$$v = \frac{E}{B};$$
从磁分析器中心孔 N 射出的离子运动半径为
$$R = \frac{R_1 + R_2}{2},$$
由
$$qvB = m\frac{v^2}{R},$$
得
$$\frac{q}{m} = \frac{v}{RB} = \frac{2E}{(R_1 + R_2)B^2}。$$

(2) 经过电场后，离子在 x 方向偏移的距离为
$$x_1 = \frac{1}{2} \cdot \frac{qE}{m}\left(\frac{L}{v}\right)^2 = \frac{qEL^2}{2mv^2},$$
设离子射出偏转电场时速度方向与竖直方向的夹角为 θ，根据运动的合成与分解可得

$$\tan\theta = \frac{at}{v} = \frac{qEL}{mv^2},$$

离开电场后,离子在 x 方向偏移的距离为

$$x_2 = L\tan\theta = \frac{qEL^2}{mv^2},$$

则离子沿 x 方向偏移的距离为

$$x = x_1 + x_2 = \frac{3qEL^2}{2mv^2} = \frac{3L^2}{R_1 + R_2},$$

位置坐标为 $\left(\dfrac{3L^2}{R_1+R_2},\ 0\right)$。

(3)离子进入磁场后的运动轨迹如图 5-8 所示,根据洛伦兹力提供向心力可得

$$qvB = m\frac{v^2}{r},$$

则离子做圆周运动的轨迹半径为

$$r = \frac{mv}{qB},$$

图 5-8

设离子离开磁场时速度偏向角为 α,则有

$$\sin\alpha = \frac{L}{r},$$

经过磁场后,离子在 y 方向偏移的距离为

$$y_1 = r(1-\cos\alpha) \approx \frac{L^2}{R_1+R_2},$$

离开磁场后,离子在 y 方向偏移的距离为

$$y_2 = L\tan\alpha \approx \frac{2L^2}{R_1+R_2},$$

则离子沿 y 方向偏移的距离为

$$y = y_1 + y_2 = \frac{3L^2}{R_1+R_2},$$

位置坐标为 $\left(0, \dfrac{3L^2}{R_1+R_2}\right)$。

(4)偏转系统同时加上电场和磁场时离子注入晶圆的位置坐标为

$$\left(\frac{3L^2}{R_1+R_2}, \frac{3L^2}{R_1+R_2}\right),$$

电场引起的速度增量对 y 方向的运动不产生影响。

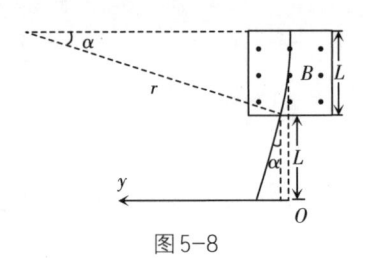

跟我一起敲代码

```
from vpython import *
scene=canvas(width=600,height=600,center=vec(1,10,1))
floor=box(pos=vec(0,-100,0),size=vec(250,1,250))
arrow(pos=vec(0,-90,0),axis=vec(-100,0,0),shaftwidth=1,color=color.red)
label(pos=vec(-100,-90,0),text="y")
arrow(pos=vec(0,-90,0),axis=vec(0,0,100),shaftwidth=1,color=color.red)
label(pos=vec(0,-90,100),text="x")
ball=sphere(pos=vec(0,0,0),radius=3,velocity=vec(0,-10,0),charge=1,make_trail=True,color=color.orange)
E=vec(0,0,10)
B=vec(0,0,1)
m=10
dt=0.01
label(pos=vec(25,0,25),text="B")
label(pos=vec(-35,0,25),text="E")

for i in range(0,-50,-10):
    for j in range(-25,25,10):
        arrow(pos=vec(j,i,0),axis=vec(0,0,100),shaftwidth=1,color=color.red)

while 1:
    rate(100)
    if ball.pos.y>=-50:
        a=ball.charge*(E/m+cross(ball.velocity,B)/m)
        ball.velocity+=a*dt
```

```
        ball.pos+=ball.velocity*dt
    if ball.pos.y<-50:
        ball.pos+=ball.velocity*dt
        if ball.pos.y<=floor.pos.y:
            break
```

可视化呈现

程序执行结果如图 5-9 所示。

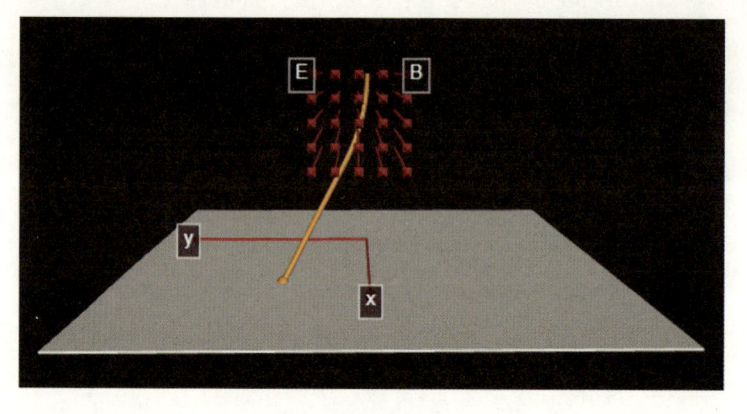

图 5-9

扫一扫，看视频

5 电场与磁场组合问题

题目

如图5-10所示,两个共轴的圆筒形金属电极,外电极接地,其上均匀分布着平行于轴线的四条狭缝 a、b、c 和 d,外筒的外半径为 r,在圆筒之外的足够大区域中有平行于轴线方向的均匀磁场,磁感应强度大小为 B,在两极间加上电压,使两圆筒之间的区域内有沿半径向外的电场。一质量为 m、带电量为 $+q$ 的粒子,从紧靠内筒且正对狭缝 a 的 S 点出发,初速度为零。如果该粒子经过一段时间的运动之后恰好又回到出发点 S,则两电极之间的电压 U 应是多少?(不计重力,整个装置在真空中)

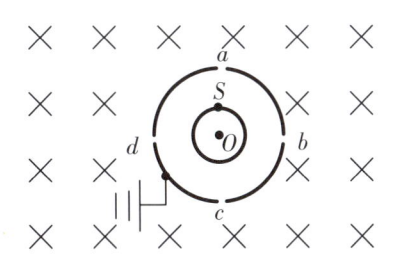

图5-10

解析

如图5-11所示，设粒子进入磁场区的速度大小为v，根据动能定理，有

$$qU = \frac{1}{2}mv^2,$$

设粒子做匀速圆周运动的半径为R，由洛伦兹力公式和牛顿第二定律，有

$$qvB = m\frac{v^2}{R},$$

由上面分析可知，要回到S点，粒子从a到d必经过$\frac{3}{4}$圆周，所以半径R必定等于筒的外半径r，即

$$R = r,$$

由以上各式解得

$$U = \frac{B^2qr^2}{2m}。$$

图5-11

跟我一起敲代码

```
from vpython import *
scene=canvas(width=600,hight=600)
ball=sphere(pos=vec(0,3,0),radius=0.1,color=color.red,velocity=vec(0,0,0),a=vec(0,0,0),make_trail=True)
ball1=sphere(pos=vec(0,0,0),radius=0.1)
E=1
B=vec(0,0,-0.4)
m=1
q=1
dt=0.001
i=0
j=0
```

```
k=0

l=0

n=0

s=0

t=0


while True:

    rate(3000)

    if (ball.pos.x==0) and (ball.pos.y<5) and (ball.pos.y>=0):

        ball.a.y=q*E/m

        ball.velocity=ball.velocity+ball.a*dt

        ball.pos=ball.pos+ball.velocity*dt

    elif ((ball.pos.y>5) and (ball.pos.x<=0)) or ((ball.pos.y<5) and (ball.pos.x<-5)):

        ball.a=q*cross(ball.velocity,B)/m

        ball.velocity=ball.velocity+ball.a*dt

        ball.pos=ball.pos+ball.velocity*dt

        i=i+1


        if i==11780:

            ball.pos=vec(-5,0,0)

            ball.velocity=vec(2,0,0)


    if i==11780:

        if ball.pos.x<=-3:

            ball.a.x=-q*E/m

            ball.a.y=0

            ball.velocity=ball.velocity+ball.a*dt

            ball.pos=ball.pos+ball.velocity*dt

            j=j+1
```

```
if j==4000:
    if ball.pos.y<=-3 and ball.pos.x<=-0.01:
        ball.a=q*cross(ball.velocity,B)/m
        ball.velocity=ball.velocity+ball.a*dt
        ball.pos=ball.pos+ball.velocity*dt
        k=k+1

        if k==6214:
            ball.pos=vec(0,-5,0)
            ball.velocity=vec(0,2,0)

if k==6214:
    if (ball.pos.y<-3) and ball.pos.x==0:
        ball.a.x=0
        ball.a.y=-q*E/m
        ball.velocity=ball.velocity+ball.a*dt
        ball.pos=ball.pos+ball.velocity*dt

    if (ball.pos.y<-5) or ((ball.pos.y>-5) and ball.pos.x>=5):
        ball.a=q*cross(ball.velocity,B)/m
        ball.velocity=ball.velocity+ball.a*dt
        ball.pos=ball.pos+ball.velocity*dt
        n=n+1

        if n==11780:
            ball.pos=vec(5,0,0)
            ball.velocity=vec(-2,0,0)
```

```
if n==11780:
    if ball.pos.x>=3:
        ball.a.x=q*E/m
        ball.a.y=0
        ball.velocity=ball.velocity+ball.a*dt
        ball.pos=ball.pos+ball.velocity*dt
        s=s+1

if s==4000:
    if ball.pos.x<=5 and ball.pos.y>=5:
        ball.a=q*cross(ball.velocity,B)/m
        ball.velocity=ball.velocity+ball.a*dt
        ball.pos=ball.pos+ball.velocity*dt
        t=t+1
        print(t)

        if t==3872:
            ball.pos=vec(0,5,0)
            ball.velocity=vec(0,-2,0)

if t==3872:
    if ball.pos.y>=0 and ball.pos.x==0:
        ball.a.y=q*E/m
        ball.a.x=0
        ball.velocity=ball.velocity+ball.a*dt
        ball.pos=ball.pos+ball.velocity*dt
```

可视化呈现

程序执行结果如图5-12所示。

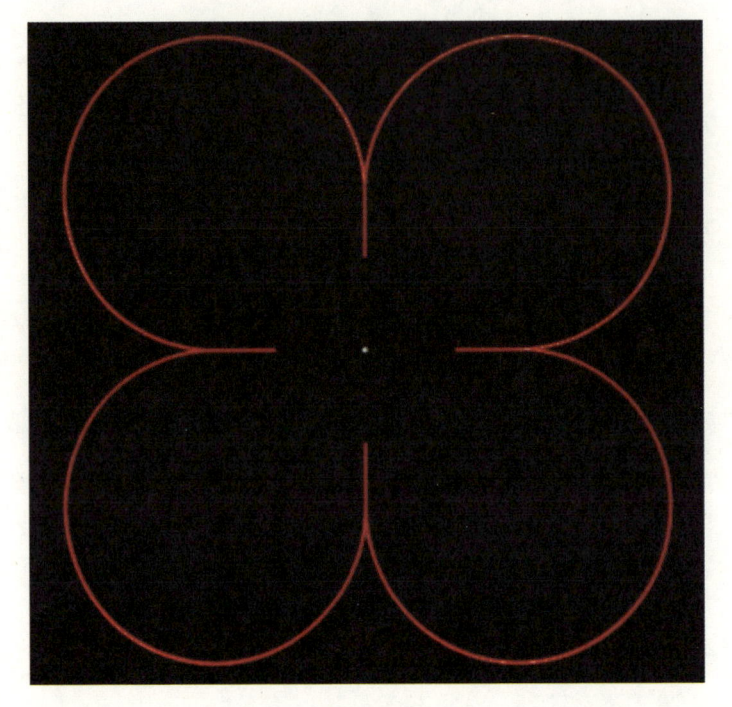

图5-12

扫一扫,看视频

6 两粒子碰撞与磁场问题

题目

如图5-13所示，空间存在磁感应强度大小为 B、垂直于 xOy 平面向里的匀强磁场。$t = 0$ 时刻，一带正电的粒子甲从点 $P(2a，0)$ 沿 y 轴正方向射入，第一次到达点 O 时与运动到该点的带正电粒子乙发生正碰。碰撞后，粒子甲的速度方向反向、大小变为碰前的3倍，粒子甲运动一个圆周时，粒子乙刚好运动了两个圆周。已知粒子甲的质量为 m，两粒子所带电荷量均为 q。假设所有碰撞均为弹性正碰，碰撞时间忽略不计，碰撞过程中不发生电荷转移，不考虑重力和两粒子间库仑力的影响。求：

图 5-13

（1）第一次碰撞前粒子甲的速度大小。

（2）粒子乙的质量和第一次碰撞后粒子乙的速度大小。

（3）$t = \dfrac{18\pi m}{qB}$ 时刻粒子甲、乙的位置坐标，及从第一次碰撞到 $t = \dfrac{18\pi m}{qB}$ 的过程中粒子乙运动的路程。

解析

（1）由题知，粒子甲从点 $P(2a，0)$ 沿 y 轴正方向射入到达点 O，则说明粒子甲的轨迹半径

$$r = a,$$

由洛伦兹力提供向心力得

$$qv_{甲_0}B = m\frac{v_{甲_0}^2}{r_{甲_0}},$$

解得

$$v_{甲_0} = \frac{qBa}{m}。$$

(2)由题知,粒子甲运动一个圆周时,粒子乙刚好运动了两个圆周,则

$$T_甲 = 2T_乙$$

根据

$$qvB = m\frac{4\pi^2}{T^2}r,$$

得

$$\frac{T_甲}{T_乙} = \frac{m}{m_乙},$$

则

$$m_乙 = \frac{1}{2}m,$$

粒子甲、乙碰撞过程中,取竖直向下为正方向,由动量守恒定律和机械能守恒定律得

$$mv_{甲_0} + m_乙 v_{乙_0} = mv_{甲_1} + m_乙 v_{乙_1}(其中 v_{甲_1} = -3v_{甲_0}),$$

$$\frac{1}{2}mv_{甲_0}^2 + \frac{1}{2}m_乙 v_{乙_0}^2 = \frac{1}{2}mv_{甲_1}^2 + \frac{1}{2}m_乙 v_{乙_1}^2,$$

解得

$$v_{乙_0} = -5v_{甲_0},$$

$$v_{乙_1} = 3v_{甲_0},$$

则第一次碰撞后粒子乙的速度大小为 $\frac{3qBa}{m}$。

(3)已知在 $t_1 = \frac{\pi m}{qB}$ 时,粒子甲、乙发生第一次碰撞且碰撞后有

$$v_{甲_1} = -3v_{甲_0},$$

$$v_{乙_1} = 3v_{甲_0},$$

根据

$$qvB = m\frac{v^2}{r},$$

可知,此时粒子乙的轨迹半径为

$$r_{乙_1} = \frac{3}{2}a,$$

可知在 $t_2 = \dfrac{3\pi m}{qB}$ 时,粒子甲、乙发生第二次碰撞,且粒子甲、乙发生第一次碰撞到第二次碰撞过程中粒子乙运动了 2 圈,此过程中粒子乙走过的路程为

$$S_1 = 6\pi a,$$

且在第二次碰撞时有

$$mv_{甲_1} + m_乙 v_{乙_1} = mv_{甲_2} + m_乙 v_{乙_2},$$

$$\frac{1}{2}mv_{甲_1}^2 + \frac{1}{2}m_乙 v_{乙_1}^2 = \frac{1}{2}mv_{甲_2}^2 + \frac{1}{2}m_乙 v_{乙_2}^2,$$

解得

$$v_{甲_2} = v_{甲_0},$$
$$v_{乙_2} = -5v_{甲_0},$$

可知在 $t_3 = \dfrac{5\pi m}{qB}$ 时,粒子甲、乙发生第三次碰撞,且粒子甲、乙发生第二次碰撞到第三次碰撞过程中粒子乙运动了 2 圈,此过程中粒子乙走过的路程为

$$S_2 = 10\pi a$$

且在第三次碰撞时有

$$mv_{甲_2} + m_乙 v_{乙_2} = mv_{甲_3} + m_乙 v_{乙_3},$$

$$\frac{1}{2}mv_{甲_2}^2 + \frac{1}{2}m_乙 v_{乙_2}^2 = \frac{1}{2}mv_{甲_3}^2 + \frac{1}{2}m_乙 v_{乙_3}^2,$$

解得

$$v_{甲_3} = -3v_{甲_0},$$
$$v_{乙_3} = 3v_{甲_0},$$

以此类推,

在 $t_9 = \dfrac{17\pi m}{qB}$ 时,粒子甲、乙发生第九次碰撞,且粒子甲、乙发生第八次碰撞到第九次碰撞过程中粒子乙运动了 2 圈,此过程中粒子乙走过的路程为

$$S_8 = 10\pi a,$$

且在第九次碰撞时有

$$mv_{甲_8} + m_乙 v_{乙_8} = mv_{甲_9} + m_乙 v_{乙_9},$$

$$\frac{1}{2}mv_{甲_8}^2 + \frac{1}{2}m_乙 v_{乙_8}^2 = \frac{1}{2}mv_{甲_9}^2 + \frac{1}{2}m_乙 v_{乙_9}^2,$$

解得

$$v_{甲_9} = -3v_{甲_0},$$

$$v_{乙_9} = 3v_{甲_0},$$

在 $t_9 = \dfrac{17\pi m}{qB}$ 到 $t = \dfrac{18\pi m}{qB}$ 过程中,粒子甲刚好运动半周,且粒子甲的轨迹半径为 $3a$,

则 $t = \dfrac{18\pi m}{qB}$ 时粒子甲的坐标为 $(-6a, 0)$,

在 $t_9 = \dfrac{17\pi m}{qB}$ 到 $t = \dfrac{18\pi m}{qB}$ 过程中,粒子乙刚好运动一周,则 $t = \dfrac{18\pi m}{qB}$ 时粒子乙回到坐标原点,粒子乙的坐标为 $(0, 0)$,且此过程中粒子乙走过的路程为

$$S_9 = 3\pi a,$$

故整个过程中粒子乙走过的总路程为

$$S = 4 \times 6\pi a + 4 \times 10\pi a + 3\pi a = 67\pi a。$$

跟我一起敲代码

```
from vpython import *
a=2
scene=canvas(width=1000,height=700,range=5*a)
xpointer=arrow(pos=vector(-8*a,0,0), axis=vector(15*a,0,0), shaftwidth=0.05,headwidth=0.2)
ypointer=arrow(pos=vector(0,-5*a,0),axis=vector(0,10*a,0), shaftwidth=0.05,headwidth=0.2)
Tp=text(text="P",pos=vec(2*a,0,0),align="center",color=color.red,height=0.5)
Tp=text(text="O",pos=vec(0,0,0),align="center", color=color.orange,height=0.5)
```

```
q=1
B=vec(0,0,-1)
jia=sphere(pos=vec(2*a,0,0),radius=0.1,color=color.red,m=1.0,
make_trail=True)
yi=sphere(pos=vec(0,0,0),radius=0.1,color=color.orange,m=0.5,
make_trail=True)
jia_velocity=vec(0,q*1*a/jia.m,0)
yi_velocity=vec(0,5*q*1*a/jia.m,0)
dt=0.0001

while True:
    rate(5000)
    jia_a=q*cross(jia_velocity,B)/jia.m
    jia_velocity+=jia_a*dt

    yi_a=q*cross(yi_velocity,B)/yi.m
    yi_velocity+=yi_a*dt

    if mag(jia.pos-yi.pos)<=0.02:
        yivel=(2*jia.m*jia_velocity.y-(jia.m-yi.m)*yi_velocity.y)/
        (jia.m+yi.m)
        jiavel=((jia.m-yi.m)*jia_velocity.y+2*yi.m*yi_velocity.y)/
        (jia.m+yi.m)
        yi_velocity.y=yivel
        jia_velocity.y=jiavel

    jia.pos+=jia_velocity*dt
    yi.pos+=yi_velocity*dt
```

可视化呈现

程序执行结果如图 5-14 所示。

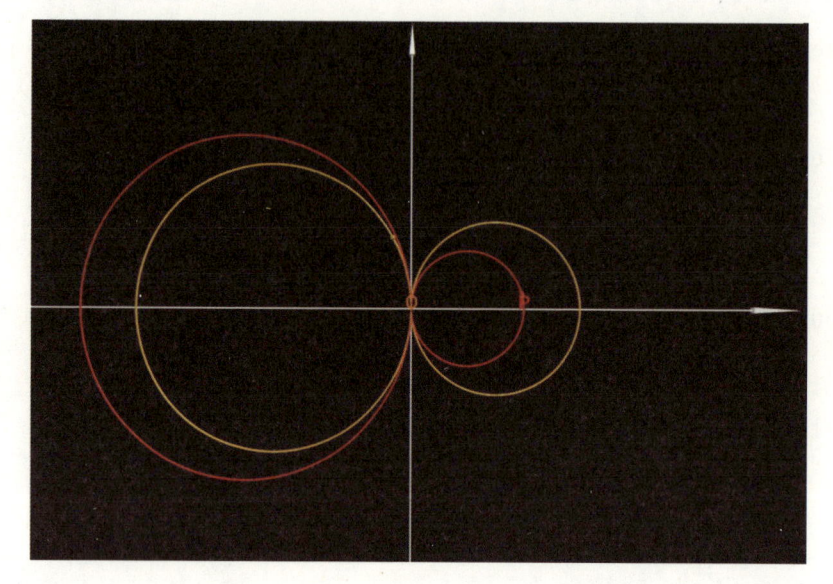

图 5-14

扫一扫,看视频

粒子在磁场中与壁碰撞问题

题目

光滑刚性绝缘圆筒内存在着平行于轴的匀强磁场，筒上 P 点开有一个小孔，过 P 的横截面是以 O 为圆心的圆，如图 5-15 所示。一带电粒子从 P 点沿 PO 射入，然后与筒壁发生碰撞。假设粒子在每次碰撞前、后瞬间，速度沿圆上碰撞点的切线方向的分量大小不变，沿法线方向的分量大小不变、方向相反，电荷量不变，不计重力。下列说法正确的是（　　）。

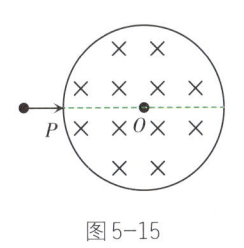

图 5-15

A. 粒子的运动轨迹可能通过圆心 O

B. 最少经 2 次碰撞，粒子就可能从小孔射出

C. 射入小孔时粒子的速度越大，在圆内运动时间越短

D. 每次碰撞后瞬间，粒子速度方向一定平行于碰撞点与圆心 O 的连线

解析

假设粒子带负电，第一次从 A 点和筒壁发生碰撞如图 5-16 所示，O_1 为圆周运动的圆心，由几何关系可知 $\angle O_1AO$ 为直角，即粒子此时的速度方向为 OA，说明粒子在和筒壁碰撞时速度会反向，由圆的对称性可知，在其他点撞击同理，D 正确。

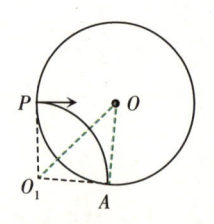

图 5-16

假设粒子运动过程过 O 点,则过 P 点的速度的垂线和 OP 连线的中垂线是平行的,不能交于一点确定圆心。由圆的对称性可知,撞击筒壁以后的粒子在 A 点的速度垂线和 AO 连线的中垂线依旧平行,不能确定圆心,所以粒子不可能过 O 点,A 错误。

由题意可知,以粒子的轨迹圆心为顶点组成的多边形应为以筒壁为内切圆的多边形,最少应为三角形,如图 5-17 所示,

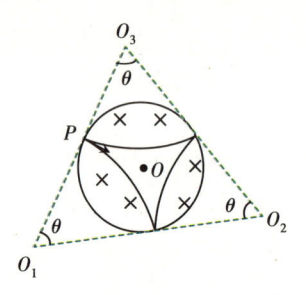

图 5-17

即撞击两次,B 正确。

速度越大,粒子做圆周运动的半径就越大,碰撞次数可能会增多,粒子运动时间不一定减少,C 错误。

故选 B、D。

跟我一起敲代码

```
from vpython import *
scene=canvas(width=800,height=600)
bianjie=ring(pos=vec(0,0,0),axis=vec(0,0,1),radius=5,thickness=0.05)
ball=sphere(pos=vec(-7.5,0,0),radius=0.1,v=vec(5,0,0),color=color.red,a=vec(0,0,0),make_trail=True)
B=vec(0,0,-1)
dt=0.0001
```

```
q=1
m=1
i=0
j=0
x=0
for j in range(10):
    for x in range(4):
        pointer=arrow(pos=vector(-4.5+j,-1+x,0),axis=vector(0,0,-1),
        shaftwidth=0.1)
for j in range(8):
    pointer=arrow(pos=vector(-3.5+j,3,0),axis=vector(0,0,-1),shaftwidth=
    0.1)
for j in range(10):
    pointer=arrow(pos=vector(-4.5+j,-2,0),axis=vector(0,0,-1),shaftwidth=
    0.1)
for j in range(8):
    pointer=arrow(pos=vector(-3.5+j,-3,0),axis=vector(0,0,-1),shaftwidth=
    0.1)
for j in range(6):
    pointer=arrow(pos=vector(-2.5+j,-4,0),axis=vector(0,0,-1),shaftwidth=
    0.1)
for j in range(6):
    pointer=arrow(pos=vector(-2.5+j,4,0),axis=vector(0,0,-1),shaftwidth=
    0.1)

while True:
    rate(2000)
    ball.v+=ball.a*dt
    ball.pos+=ball.v*dt
    if mag(ball.pos-vec(0,0,0))<=5:
```

```
    ball.a=q*cross(ball.v,B)/m
    i=1
if mag(ball.pos-vec(0,0,0))>5 and i==1:
    ball.v=-ball.v
```

可视化呈现

程序执行结果如图5-18所示。

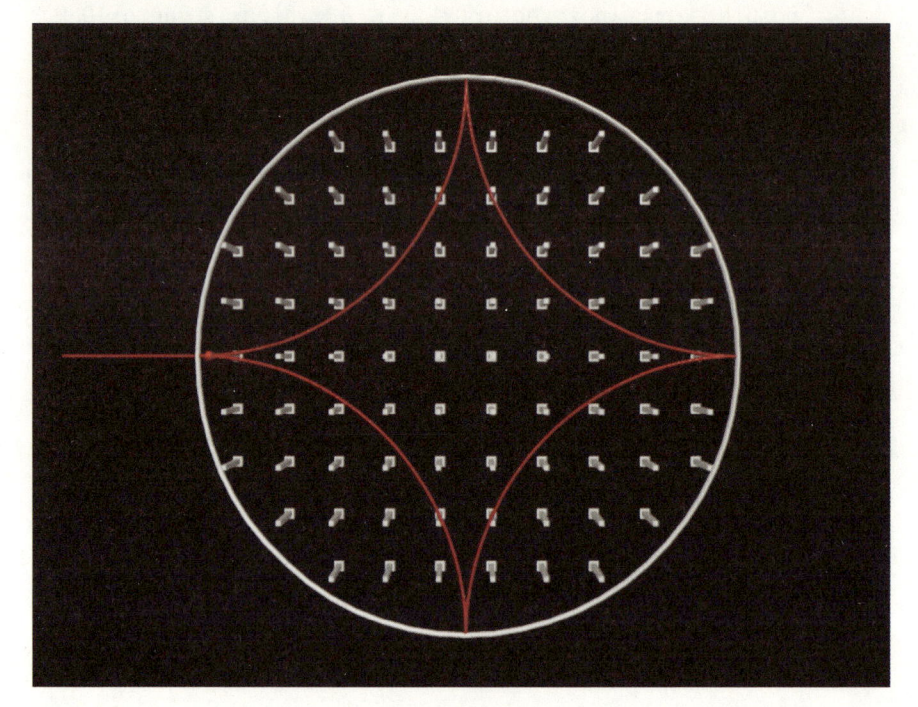

图5-18

扫一扫,看视频

8 回旋加速器问题

题目

回旋加速器的工作原理如图 5-19 所示，D_1 和 D_2 是两个中空的半圆金属盒，它们之间有一定的电势差 U。A 处的粒子源产生的带电粒子，在两盒之间被电场加速。两个半圆盒处于与盒面垂直的匀强磁场 B 中，所以粒子在磁场中做匀速圆周运动。经过半个圆周之后，当粒子再次到达两盒间的缝隙时，这时控制两盒间的电势差，使其恰好改变正负，于是粒子经过盒缝时再一次加速。如此，粒子在做圆周运动的过程中一次一次地经过盒缝，而两盒间的电势差一次一次地改变正负，粒子的速度就能够增加到很大。求半径为 R 的回旋加速器能使粒子加速到的最大速度？

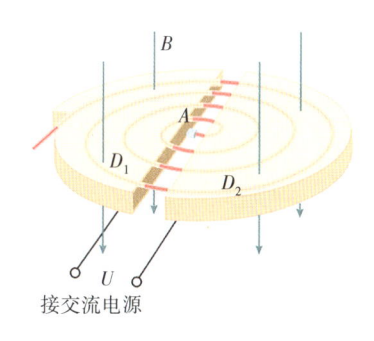

图 5-19

解析

粒子在回旋加速器中运动，最后一圈的速度就是最大速度，而最后一圈的半径为 D 形盒的半径 R，根据

$$R = \frac{mv_{\max}}{qB},$$

可得

$$v_{\max} = \frac{qBR}{m}。$$

跟我一起敲代码

```
from vpython import *
scene=canvas(width=600,height=500)
boardup=box(size=vector(10,0.01,1),pos=vector(0,1,0))
boarddown=box(size=vector(10,0.01,1),pos=vector(0,-1,0))
ball=sphere(radius=0.04,pos=vector(0,0,0),velocity=vector(0,0,0),
make_trail=True,color=color.red)
q=1
E=10
m=1
B=vector(0,0,-10)
dt=0.0001
t=0
n=0
figure=graph(title="回旋加速器",xtitle="t/s",ytitle="v/(m/s)",width=
600,height=300)
vtfigure=gcurve(graph=figure)

while 1:
    rate(3000)
    if ball.pos.y<=1 and ball.pos.y>=-1 and ball.velocity.y>=0:
        a=vector(0,q*E/m,0)
        ball.velocity=ball.velocity+a*dt
        ball.pos=ball.pos+ball.velocity*dt
    elif ball.pos.y<=1 and ball.pos.y>=-1 and ball.velocity.y<=0:
        a=vector(0,-q*E/m,0)
        ball.velocity=ball.velocity+a*dt
        ball.pos=ball.pos+ball.velocity*dt

    if ball.pos.y>1 or ball.pos.y<-1:
        a=q*cross(ball.velocity,B)/m
```

    ball.velocity=ball.velocity+a*dt

    ball.pos=ball.pos+ball.velocity*dt

t=t+dt

vtfigure.plot(t,mag(ball.velocity))

可视化呈现

程序执行结果如图5-20所示。

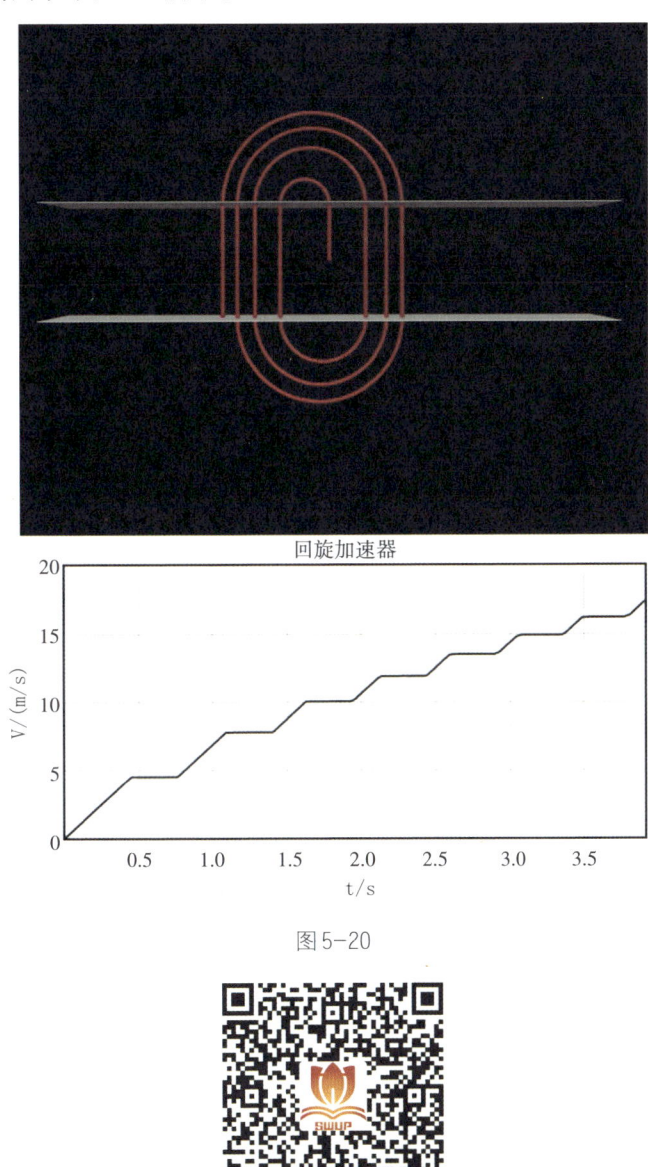

图5-20

扫一扫,看视频